edition taberna kritika

AF672952

Die edition taberna kritika wird vom Bundesamt für Kultur
mit einem Strukturbeitrag für die Jahre 2016-2018 unterstützt.

Christina C. Messner
to shake shake shake

Alle Rechte vorbehalten
© edition taberna kritika, Bern (2017)
http://www.etkbooks.com/

Gestaltung: etkbooks, Bern
Coverzeichnung, Zeichnungen: Christina C. Messner
Printed in Europe

Kein Teil dieses Werkes darf in irgendeiner Form ohne die ausdrückliche schriftliche Genehmigung des Verlages reproduziert oder unter Verwendung elektronischer Systeme verarbeitet, vervielfältigt oder anderweitig verbreitet werden. Bibliografische Information der Deutschen Nationalbibliothek:

Die Deutsche Nationalbibliothek verzeichnet diese Publikation in der Deutschen Nationalbibliografie; detaillierte bibliografische Daten sind im Internet über http://www.dnb.de abrufbar.

ISBN: 978-3-905846-42-3

Christina C. Messner

to shake shake shake

operattles

Mit einem Essay von

Rainer Nonnenmann

edition taberna kritika

Inhalt

prolog

to be, mark the inducement

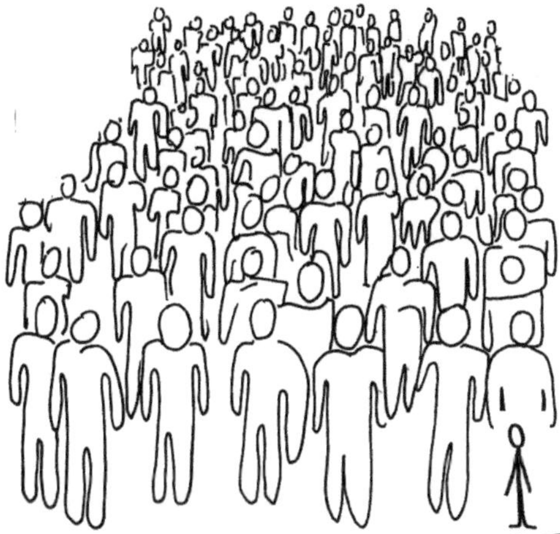

Eine Person in einer Menschenmenge	verhält sich unauffällig,	stellt sich langsam auf...
Eine zweite Person in einer Menschenmenge	verhält sich unauffällig,	stellt sich langsam auf...
Noch eine Person in einer Menschenmenge	verhält sich unauffällig,	
Eine weitere Person in einer Menschenmenge	verhält sich unauffällig,	stellt sich langsam auf...
Eine Person in der ersten Reihe oder am Rand einer Menschenmenge	verhält sich unauffällig,	
Eine Person ausserhalb der Menschenmenge	ist noch nicht zu sehen...	

und beginnt wahnsinnig bühnenpräsent zu SEIN **(TO BE).**

und beginnt wahnsinnig bühnenpräsent zu SEIN **(TO BE).**

... stellt sich langsam auf und beginnt wahnsinnig bühnenpräsent zu SEIN **(TO BE).**

und beginnt wahnsinnig bühnenpräsent zu SEIN **(TO BE).**

...beginnt auch wahnsinnig bühnenpräsent zu SEIN **(TO BE),**stellt sich aber jetzt erst auf

... läuft zügig zur Person am Rande der Menge.

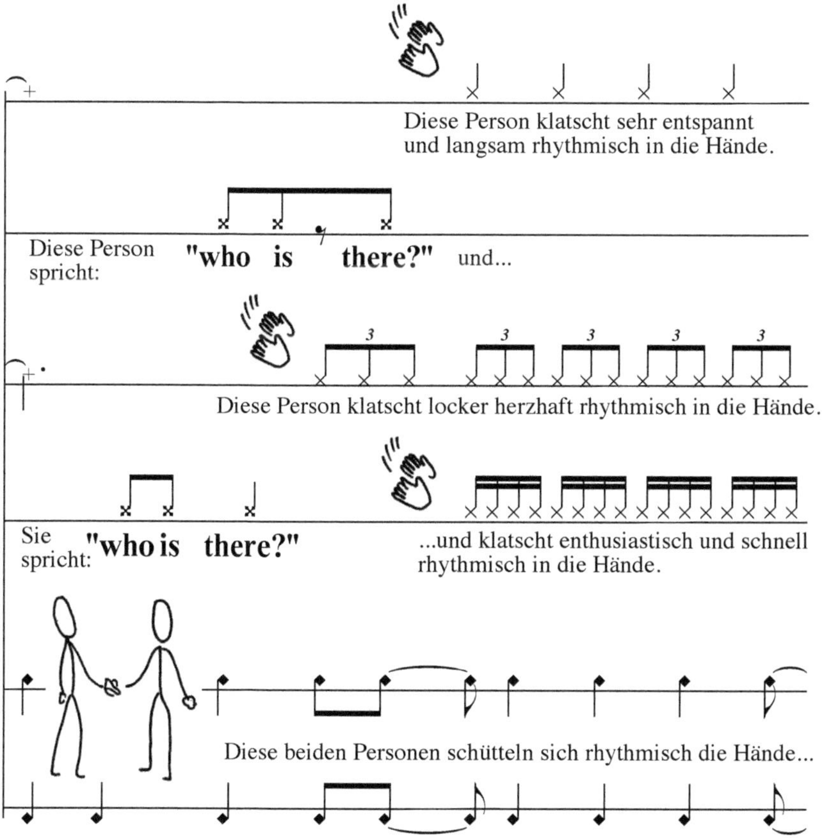
Diese Person klatscht sehr entspannt
und langsam rhythmisch in die Hände.
Diese Person
spricht:
"who is there?"
und...
Diese Person klatscht locker herzhaft rhythmisch in die Hände.
Sie
spricht:
"who is there?"
...und klatscht enthusiastisch und schnell
rhythmisch in die Hände.
Diese beiden Personen schütteln sich rhythmisch die Hände...

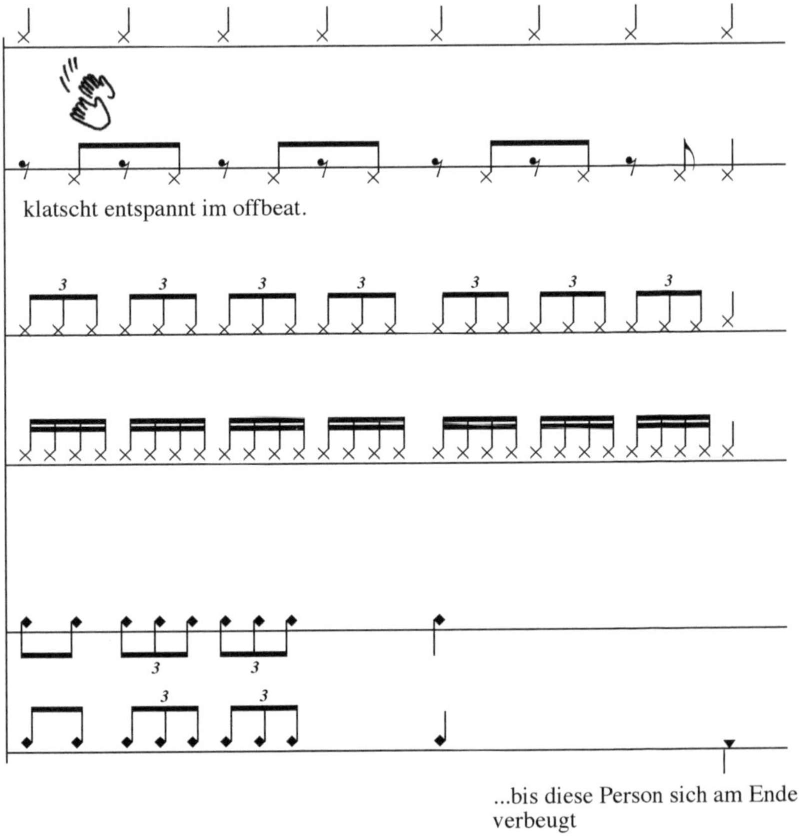
klatscht entspannt im offbeat.
...bis diese Person sich am Ende verbeugt

overture

men are men

Sie, Sie, Sie, Er, Er und Er
stehen in einer Reihe.

Sie führen jede Aktion überdeutlich aus.
Die Ironie sitzt ihnen dabei durchaus im Nacken.

♩ = 100

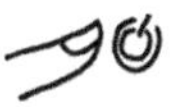

laut und künstlich,
like a computer trumpet

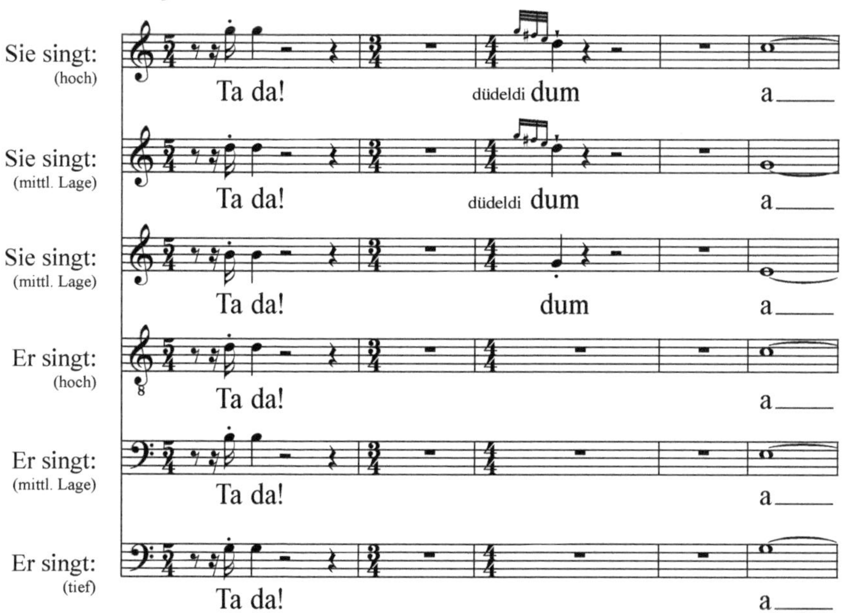

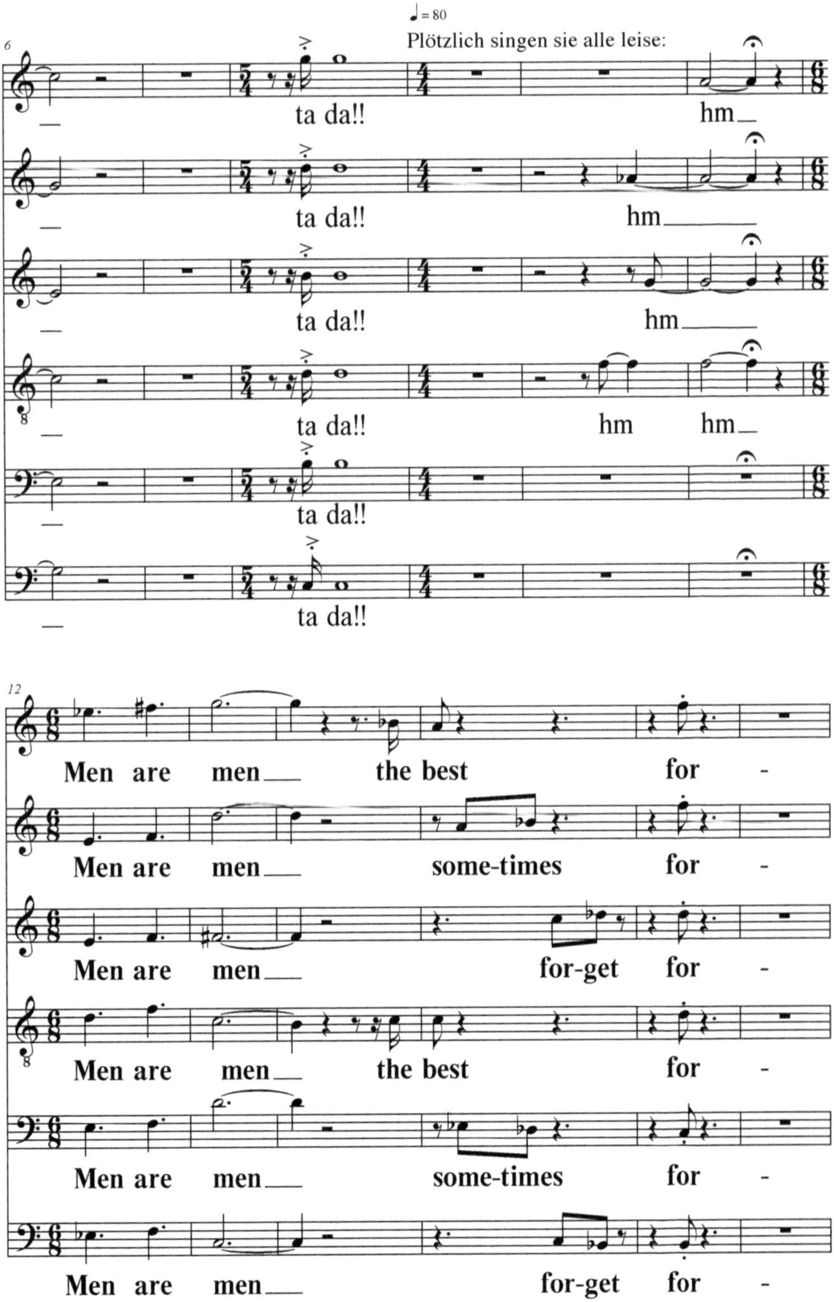

♩ = 80
Plötzlich singen sie alle leise:
6
ta da!! hm
ta da!! hm
ta da!! hm
ta da!! hm hm
ta da!!
ta da!!
12
Men are men the best for -
Men are men some-times for -
Men are men for-get for -
Men are men the best for -
Men are men some-times for -
Men are men for-get for -

Während der nächsten acht Takte bewegen Sie, Sie und Sie sich in seitlichen Schrittchen nach links. Er, Er und Er gehen langsam in seitlichen Schrittchen nach rechts:
Der Vorhang öffnet sich, eine Lücke bleibt...

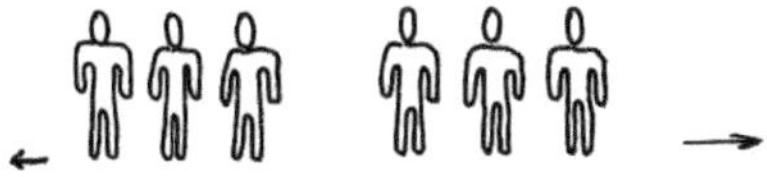

Unterdessen schmettern sie:

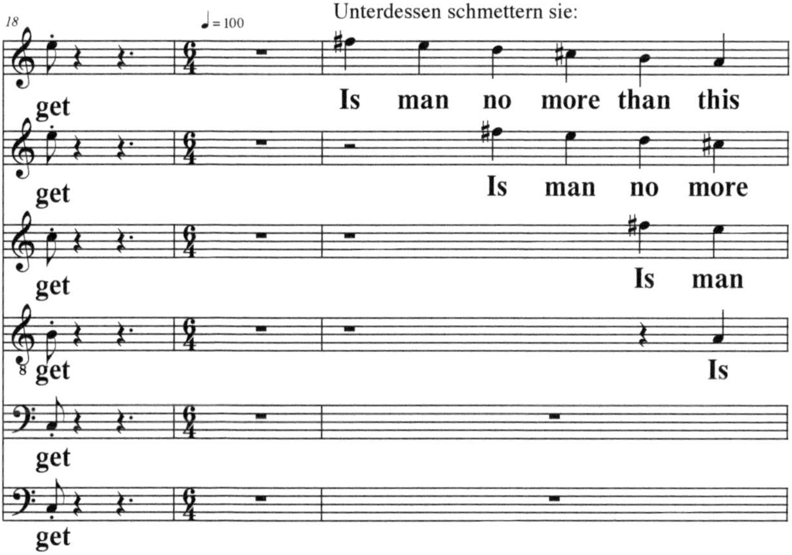

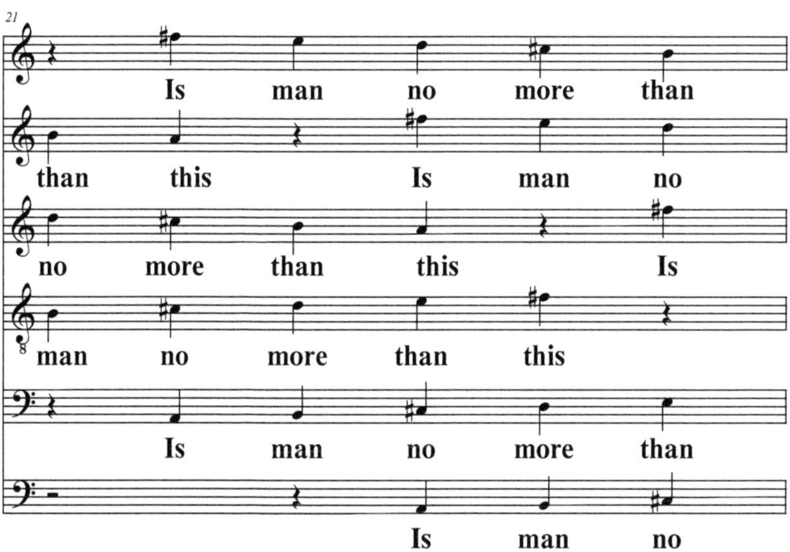

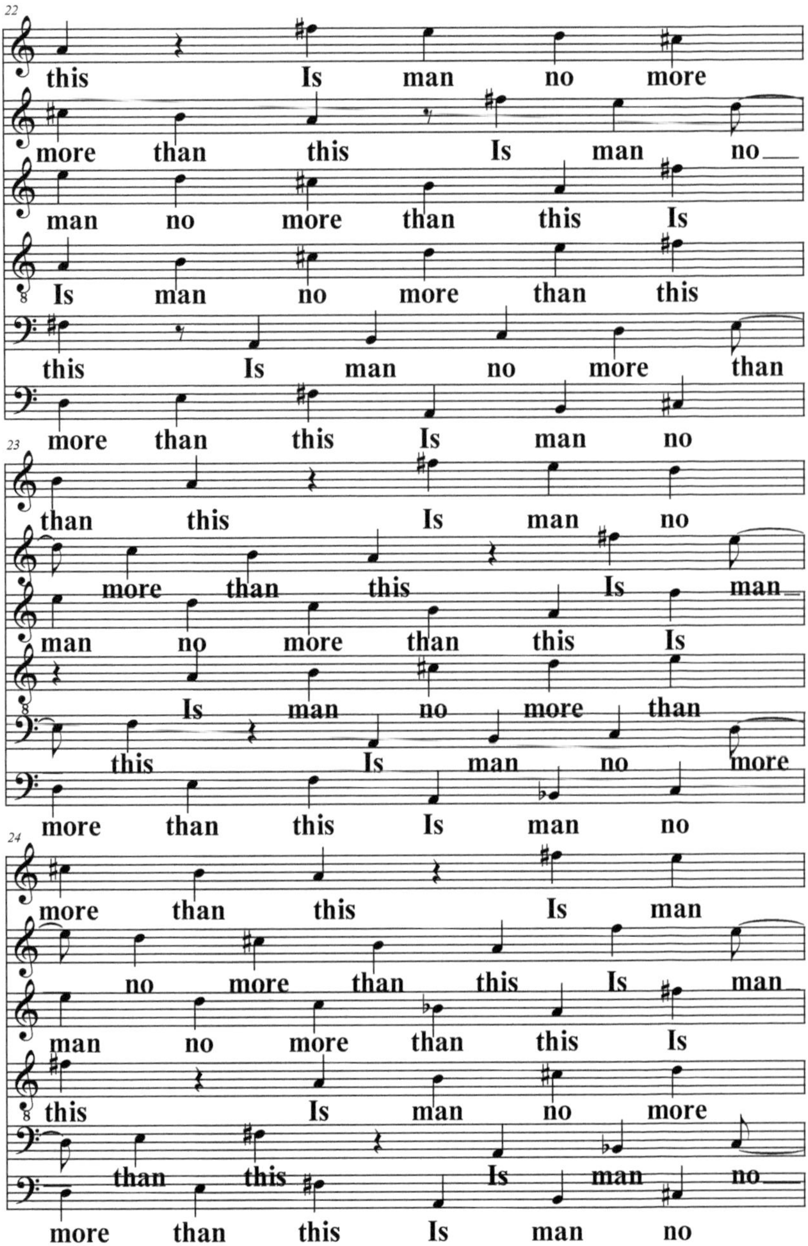
22
this Is man no more
more than this Is man no
man no more than this Is
Is man no more than this
this Is man no more than
more than this Is man no
23
than this Is man no
more than this Is man
man no more than this Is
Is man no more than
this Is man no more
more than this Is man no
24
more than this Is man
no more than this Is man
man no more than this Is
this Is man no more
than this Is man no
more than this Is man no

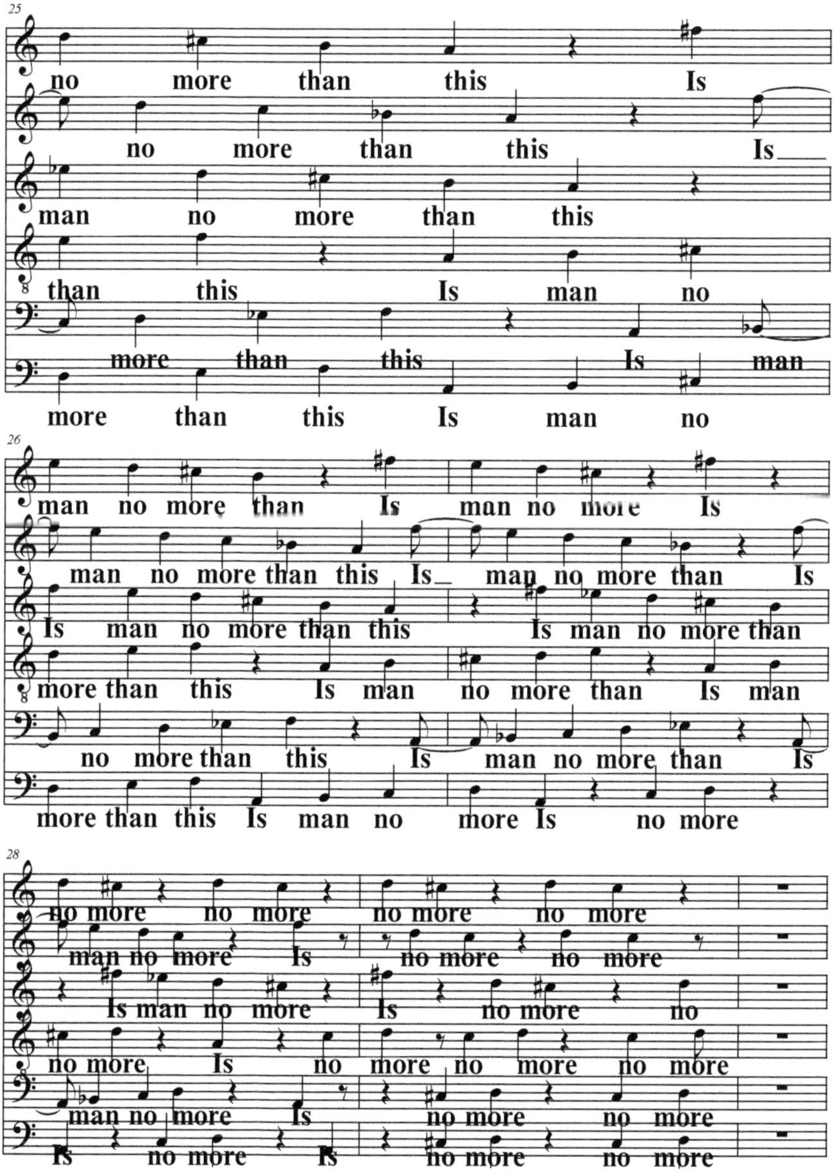
25
no more than this Is
no more than this Is
man no more than this
than this Is man no
more than this Is man
more than this Is man no
26
man no more than Is man no more Is
man no more than this Is man no more than Is
Is man no more than this Is man no more than
more than this Is man no more than Is man
no more than this Is man no more than Is
more than this Is man no more Is no more
28
no more no more no more no more
man no more Is no more no more
Is man no more Is no more no
no more Is no more no more no more
man no more Is no more no more
Is no more Is no more no more

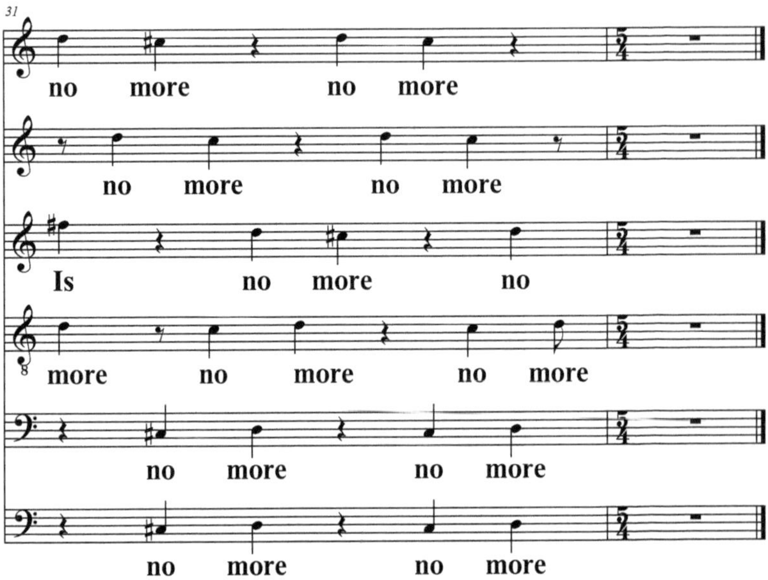
31
no more no more
no more no more
Is no more no
more no more no more
no more no more
no more no more

time

time travels in divers paces with divers persons

6 Personen agieren innerhalb der Stoppuhrenzeit
nach individuell gezählter Zeit = **T** und freier Zeit = **F**

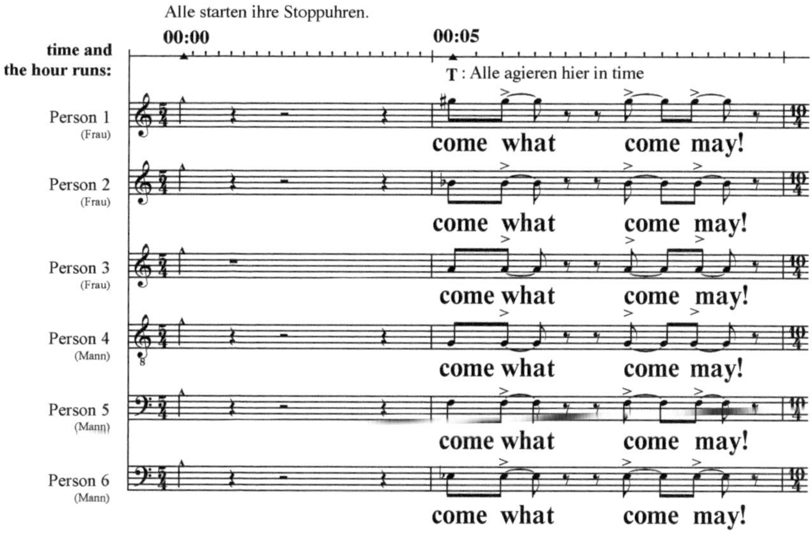

F Die Personen sind im Bereich F frei von rhythmisch gezählter Zeit. Die Häufigkeit der leisen Geräuschaktionen ist ebenfalls frei wählbar.

00:10

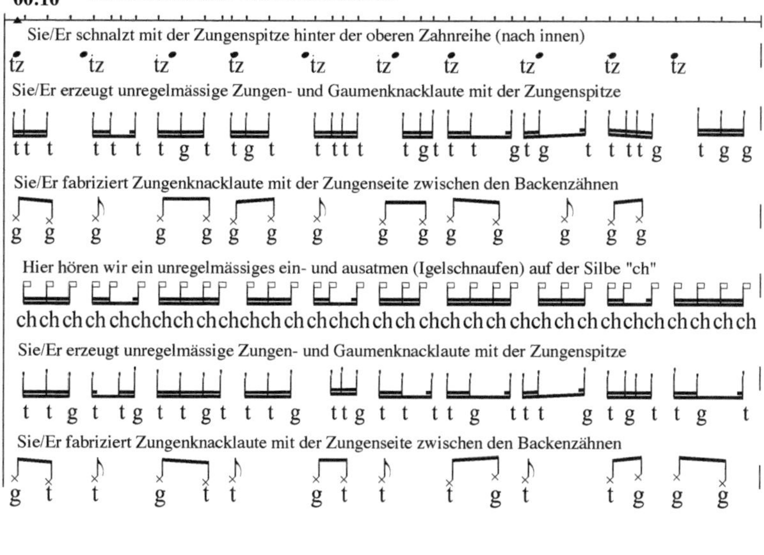

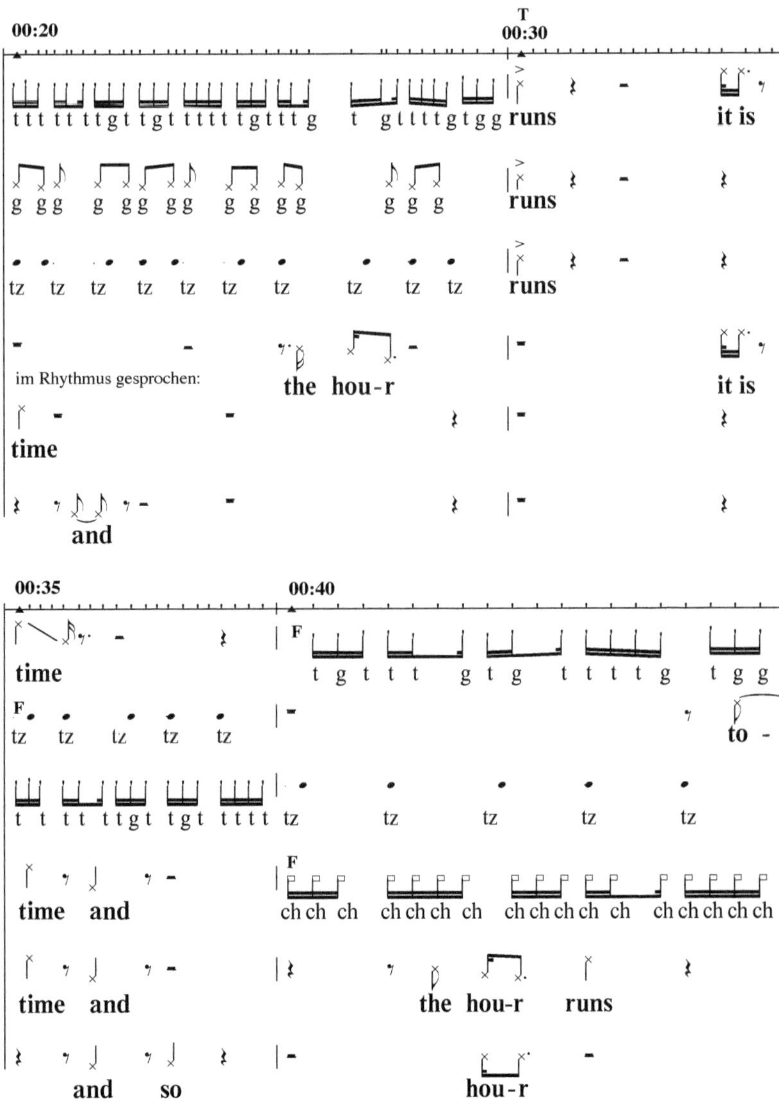
00:20
T
00:30
t t t t t t t g t t g t t t t t t g t t t g t g l t t t g t g g runs
it is
g g g g g g g g g g g g g g g
runs
tz tz tz tz tz tz tz tz tz tz
runs
im Rhythmus gesprochen:
the hou-r
it is
time
and
00:35
00:40
time
F
t g t t t g t g t t t t g t g g
F
tz tz tz tz tz
to -
t t t t t t g t t g t t t t t
tz tz tz tz tz
time and
F
ch ch ch ch ch ch ch ch ch ch ch ch ch ch ch ch ch ch
time and
the hou-r runs
and so
hou-r

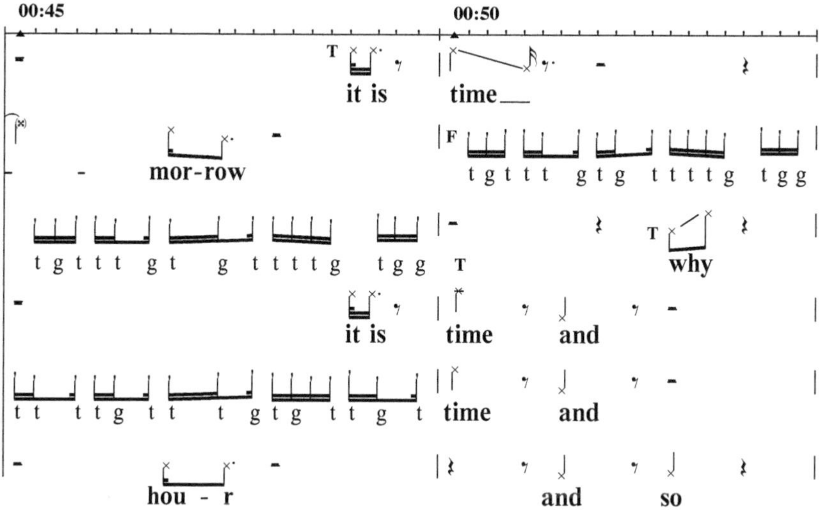
00:45
00:50
T
it is
time__
mor-row
F
t g t t t g t g t t t t g t g g
t g t t t g t g t t t t g t g g
T
why
it is
time and
t t t t g t t t g t g t t g t
time and
hou - r
and so

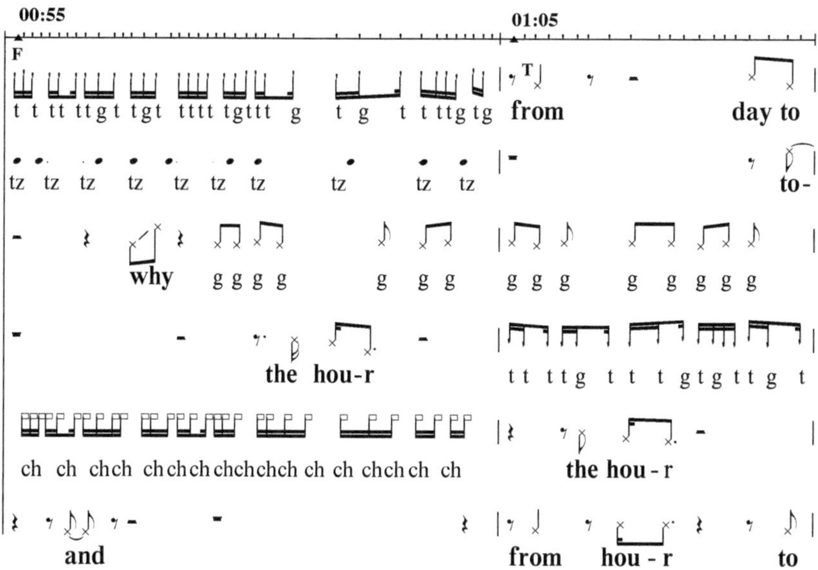
00:55
01:05
F
t t tt ttg t tgt tttt tgttt g t g t t ttg tg
T
from
day to
tz tz tz tz tz tz tz tz tz tz
to-
why g g g g g g g
g g g g g g g g
the hou-r
t t t t g t t t g t g t t g t
ch ch chch chchchchchchch ch ch chchch ch
the hou - r
and
from hou - r to

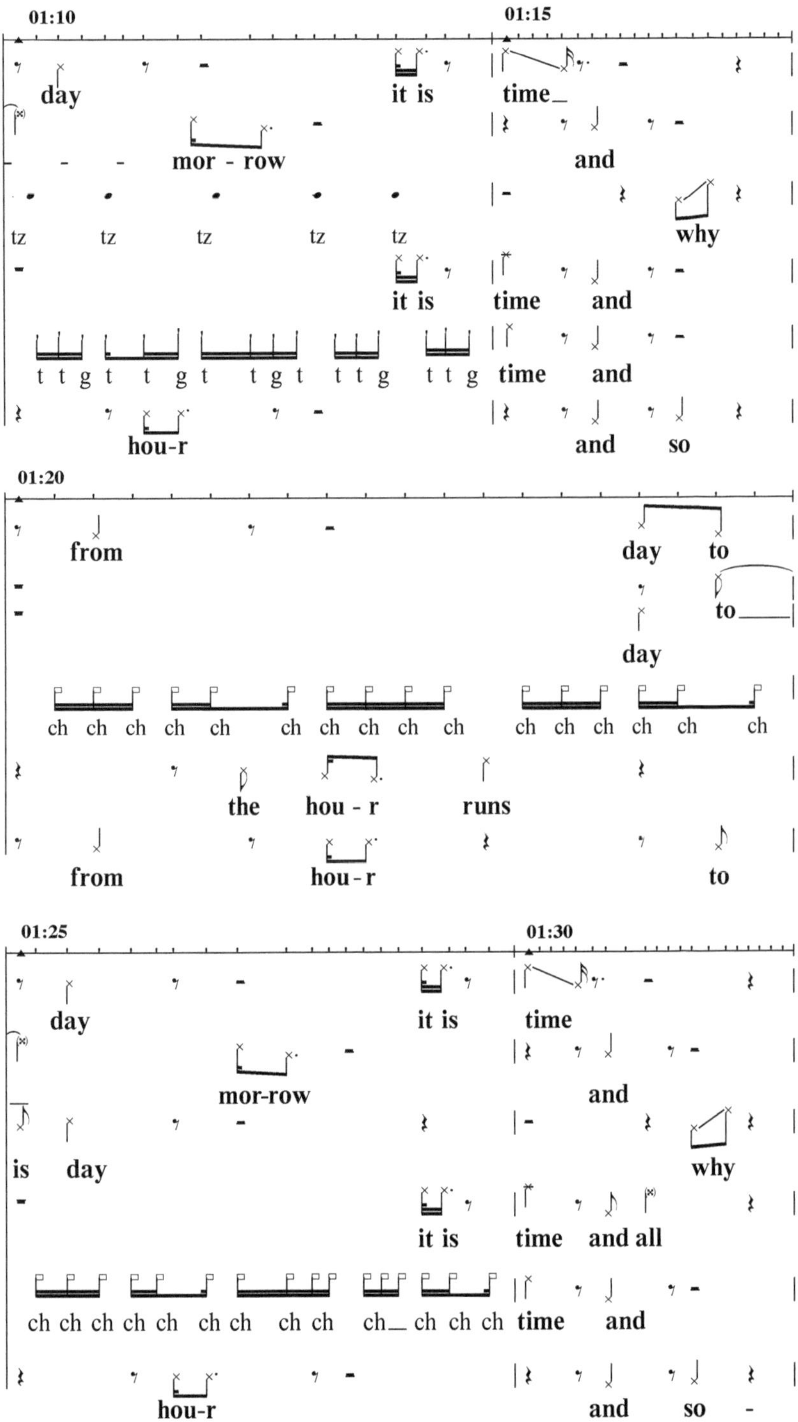
01:10
01:15
day
it is
time
mor - row
and
tz tz tz tz tz
why
it is
time
and
t t g t t g t t g t t t g t t g
time
and
hou-r
and
so
01:20
from
day
to
to
day
ch ch ch ch ch ch ch ch ch ch ch ch ch ch ch ch
the
hou - r
runs
from
hou - r
to
01:25
01:30
day
it is
time
mor-row
and
is
day
why
it is
time
and all
ch ch ch ch ch ch ch ch ch ch ch ch ch
time
and
hou-r
and
so -

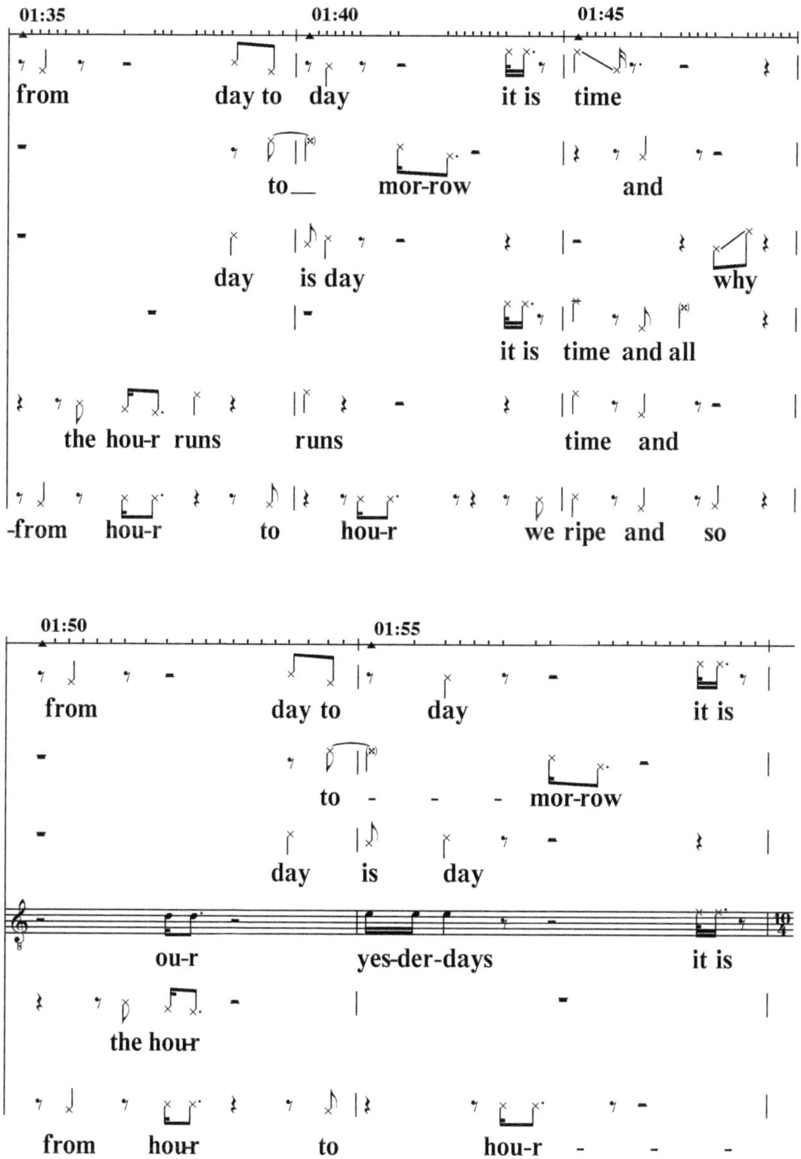
01:35
01:40
01:45
from day to day it is time
to__ mor-row and
day is day why
it is time and all
the hou-r runs runs time and
-from hou-r to hou-r we ripe and so
01:50
01:55
from day to day it is
to - - - mor-row
day is day
ou-r yes-der-days it is
the hou-r
from hou-r to hou-r - - -

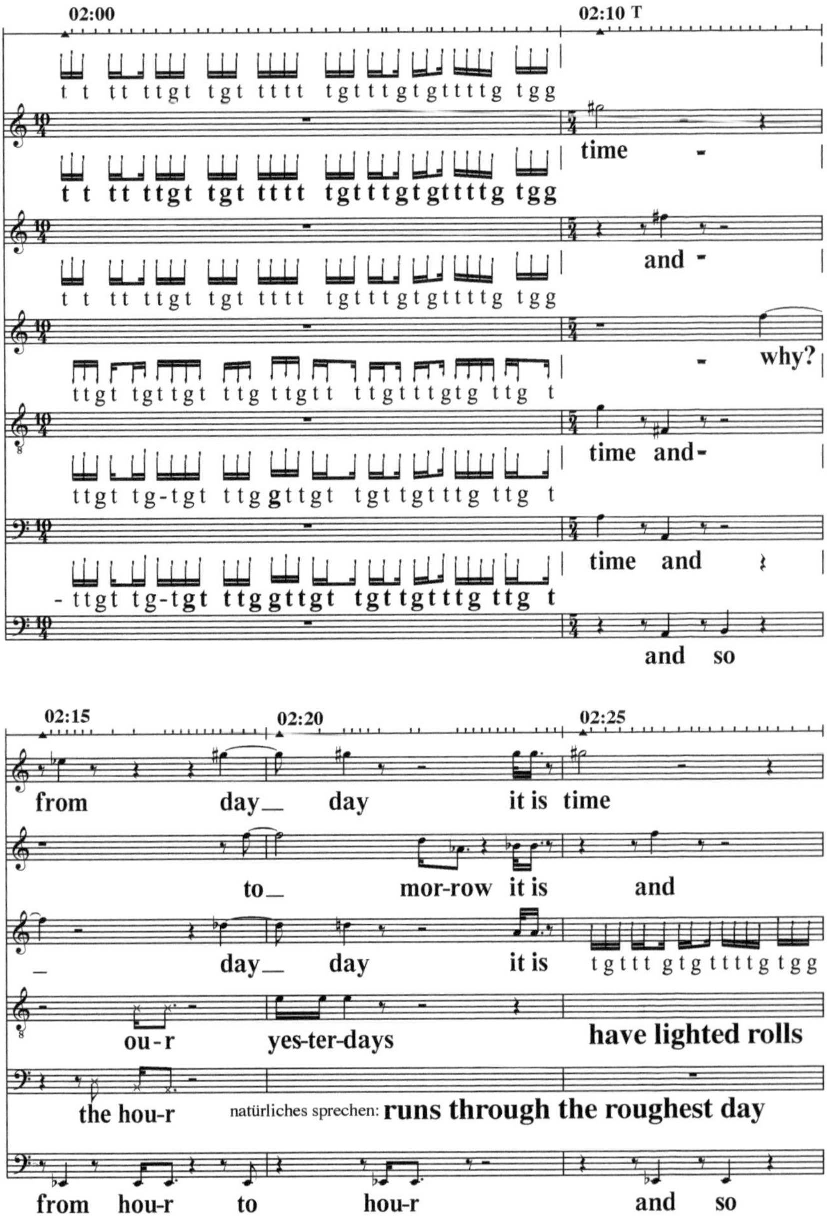
02:00
02:10 T
t t tt ttgt tgt tttt tgttgtgttttg tgg
time -
t t tt ttgt tgt tttt tgttgtgttttg tgg
and -
t t tt ttgt tgt tttt tgttgtgttttg tgg
- why?
ttgt tgttgt ttg ttgtt ttgttgtg ttg t
time and-
ttgt tg-tgt ttg gttgt tgt tgt ttg ttg t
time and
- ttgt tg-tgt ttg gttgt tgt tgt ttg ttg t
and so
02:15
02:20
02:25
from day_ day it is time
to_ mor-row it is and
_ day_ day it is tgttt gtg ttttg tgg
ou-r yes-ter-days have lighted rolls
the hou-r natürliches sprechen: runs through the roughest day
from hou-r to hou-r and so

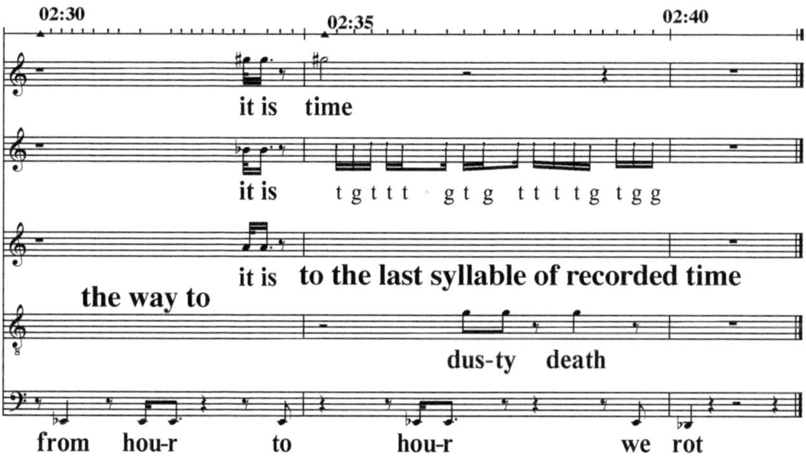
02:30
02:35
02:40
it is time
it is
t g t t t g t g t t t t g t g g
it is to the last syllable of recorded time
the way to
dus-ty death
from hou-r to hou-r we rot

love 1

it was the nightingale

Hier sind 6 Jungs und Mädels eifrig am zwitschern, turteln piepsen und vibrieren...

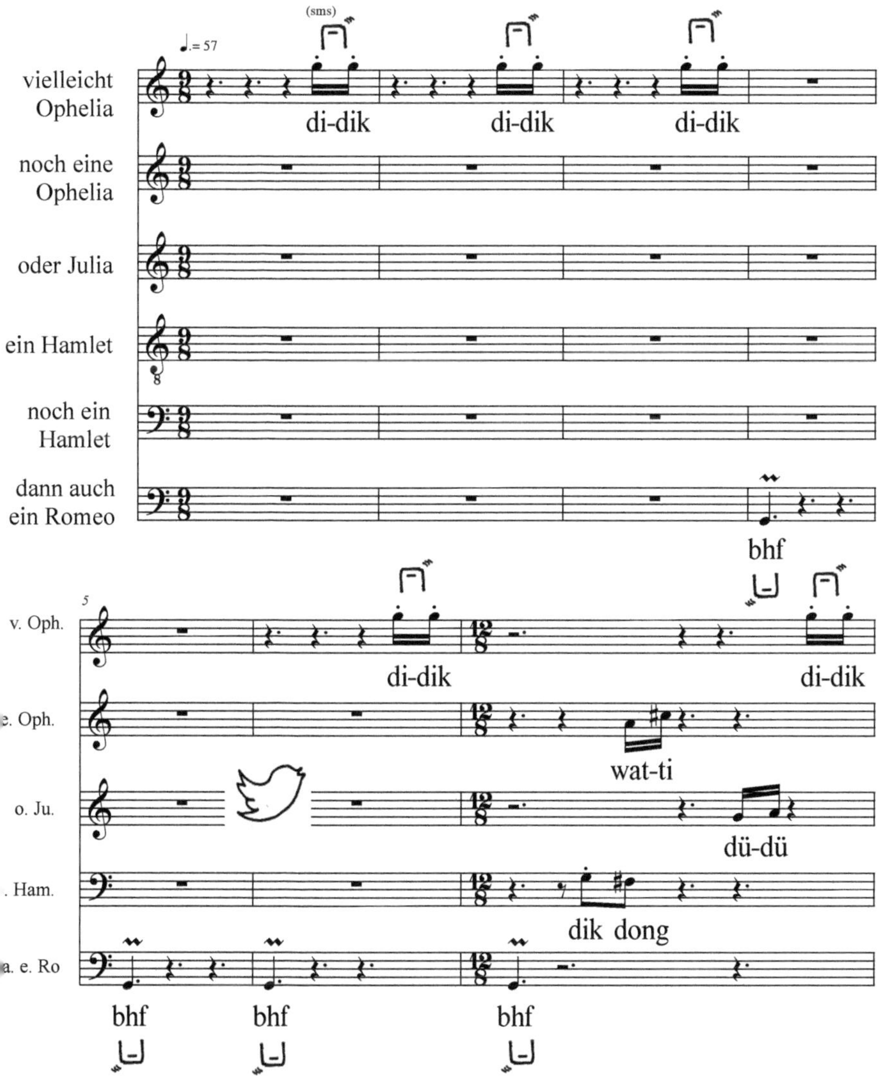

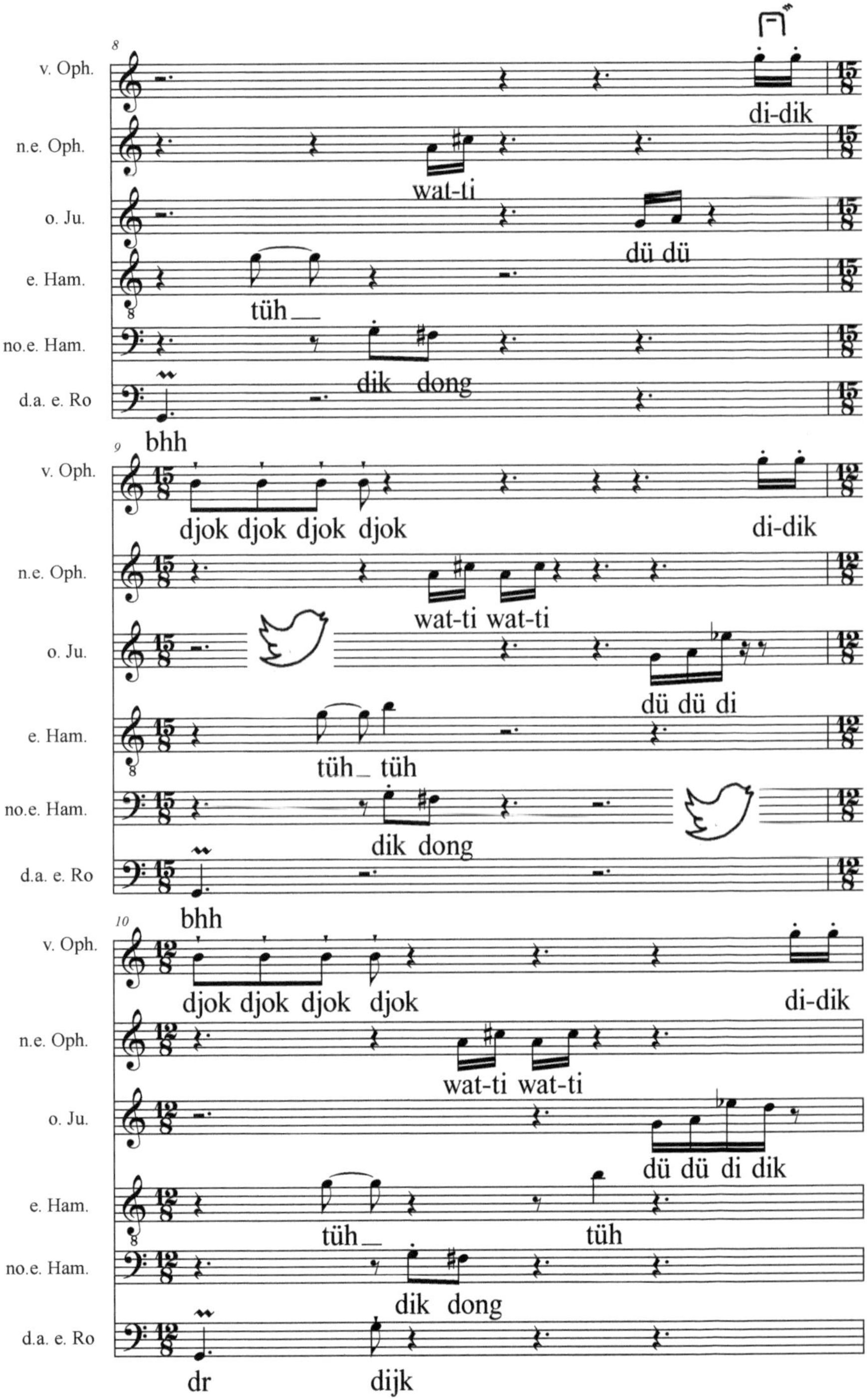
8
v. Oph.
n.e. Oph.
o. Ju.
e. Ham.
no.e. Ham.
d.a. e. Ro
di-dik
wat-ti
dü dü
tüh
dik dong
bhh
9
djok djok djok djok
di-dik
wat-ti wat-ti
dü dü di
tüh tüh
dik dong
bhh
10
djok djok djok djok
di-dik
wat-ti wat-ti
dü dü di dik
tüh
tüh
dik dong
dr
dijk

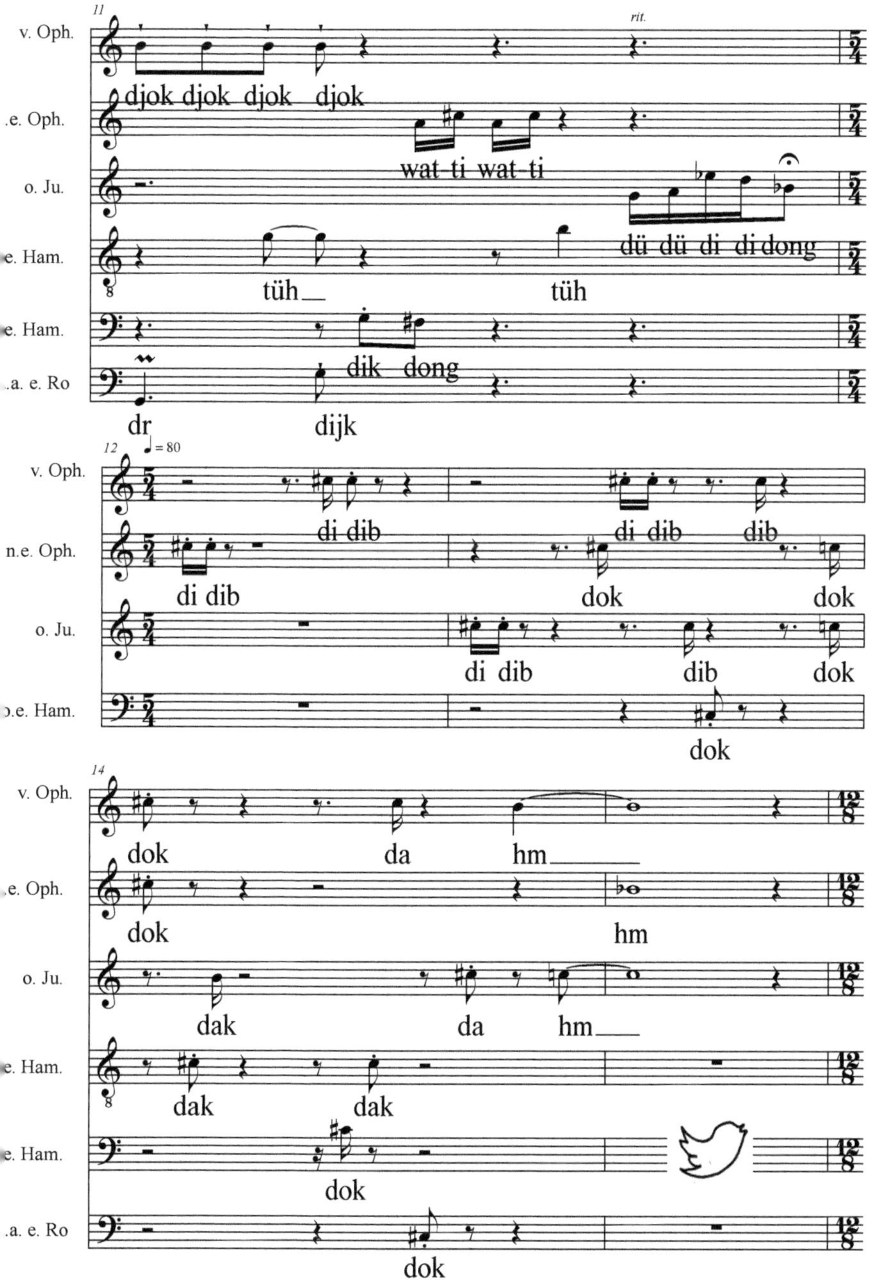
11
rit.
v. Oph.
djok djok djok djok
.e. Oph.
wat-ti wat-ti
o. Ju.
dü dü di di dong
e. Ham.
tüh tüh
e. Ham.
dik dong
.a. e. Ro
dr dijk
12
♩ = 80
v. Oph.
di dib di dib dib
n.e. Oph.
di dib dok dok
o. Ju.
di dib dib dok
ɔ.e. Ham.
dok
14
v. Oph.
dok da hm
.e. Oph.
dok hm
o. Ju.
dak da hm
e. Ham.
dak dak
e. Ham.
dok
.a. e. Ro
dok

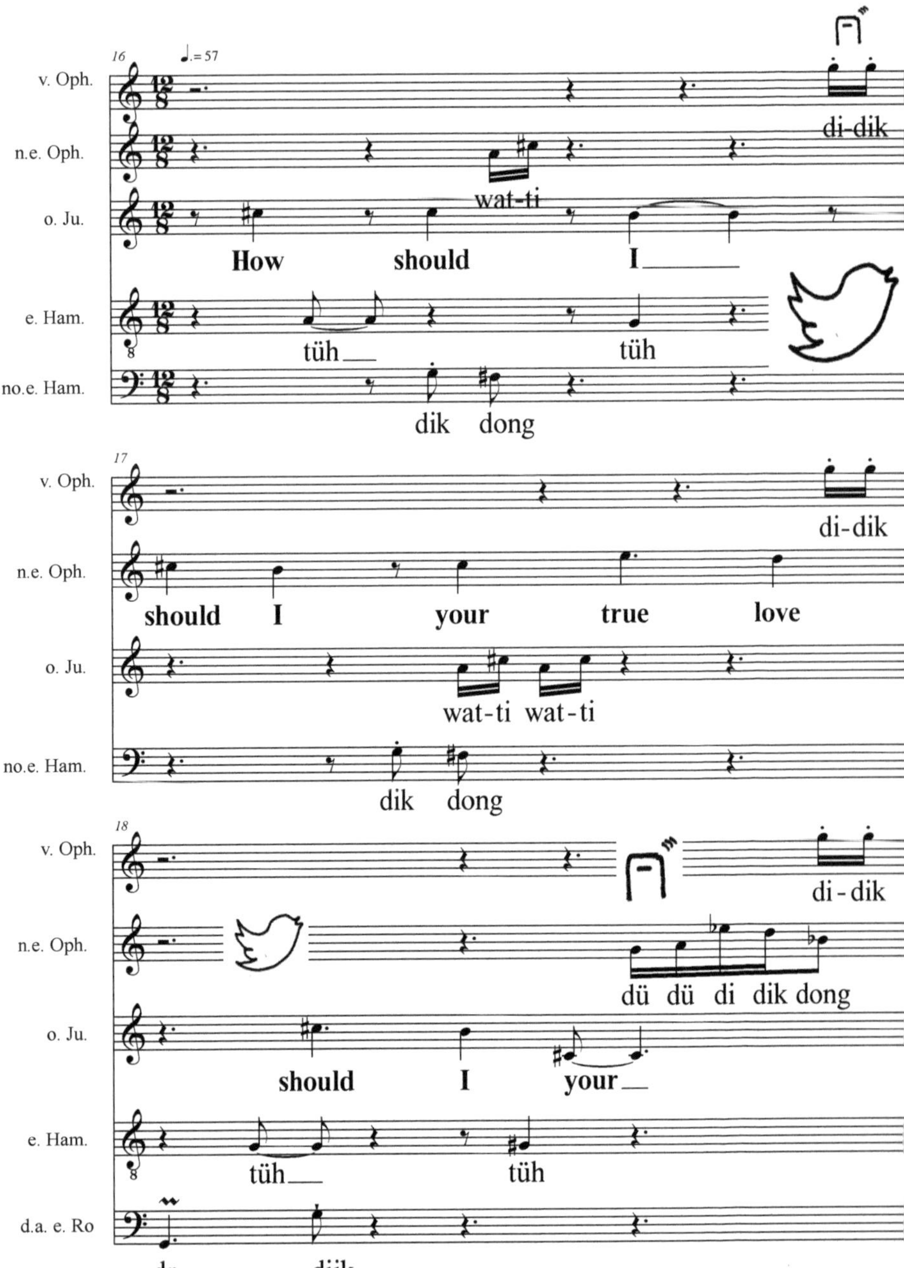
16
♩.= 57
v. Oph.
n.e. Oph.
o. Ju.
e. Ham.
no.e. Ham.
di-dik
wat-ti
How should I
tüh tüh
dik dong
17
v. Oph.
n.e. Oph.
o. Ju.
no.e. Ham.
di-dik
should I your true love
wat-ti wat-ti
dik dong
18
v. Oph.
n.e. Oph.
o. Ju.
e. Ham.
d.a. e. Ro
di - dik
dü dü di dik dong
should I your
tüh tüh
dr dijk

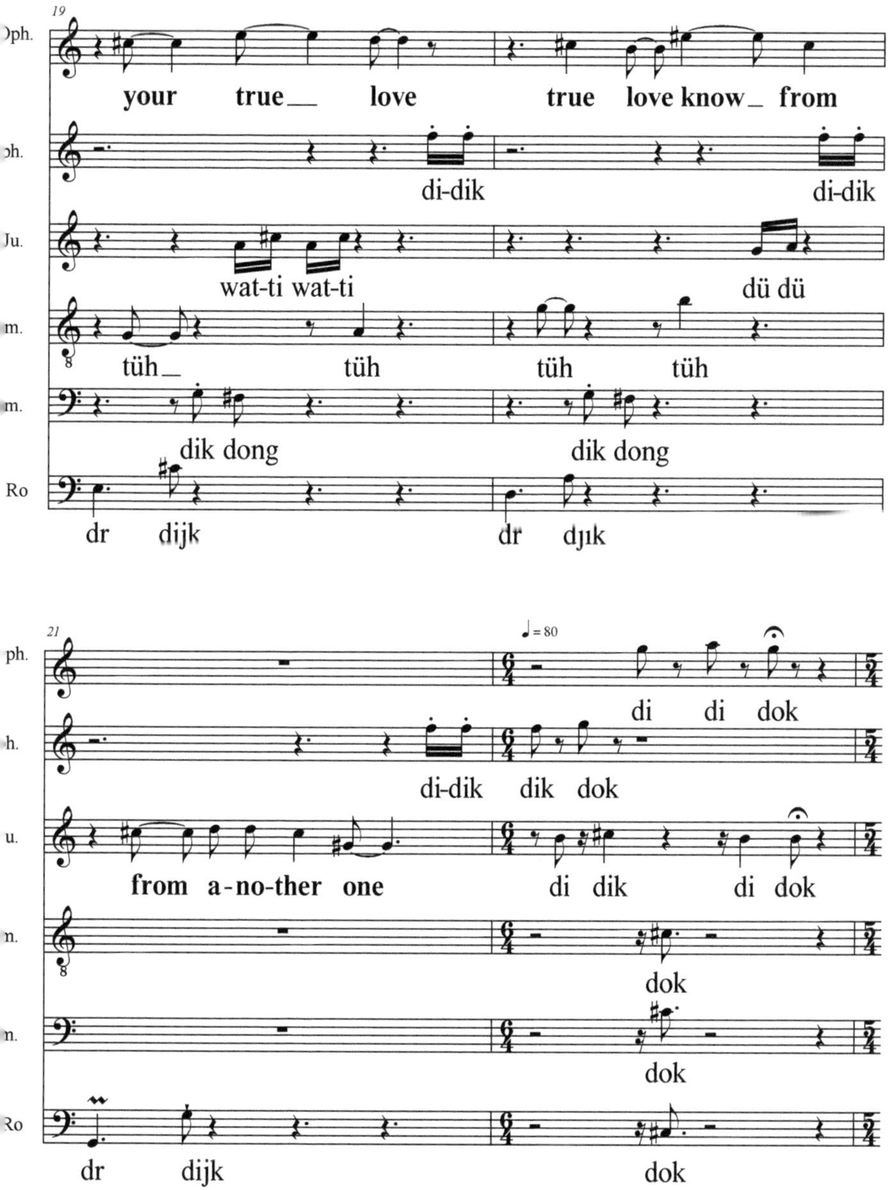
19
Oph.
your true love true love know from
Oph.
di-dik di-dik
Ju.
wat-ti wat-ti dü dü
Rom.
tüh tüh tüh tüh
Rom.
dik dong dik dong
Ro
dr dijk dr dijk
21
Oph.
di di dok
Oph.
di-dik dik dok
Ju.
from a-no-ther one di dik di dok
Rom.
dok
Rom.
dok
Ro
dr dijk dok

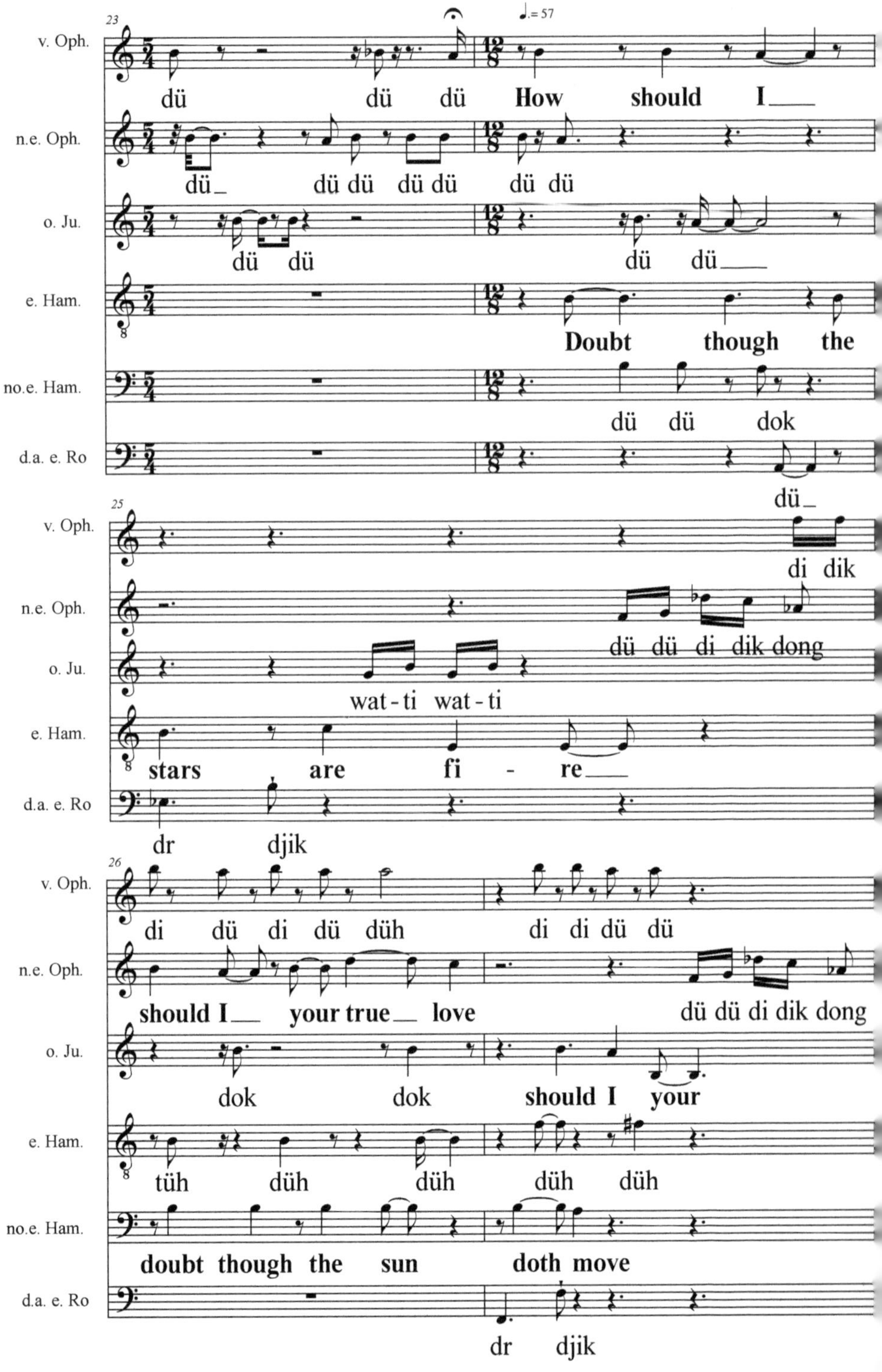

23
♩.= 57
v. Oph.
n.e. Oph.
o. Ju.
e. Ham.
no.e. Ham.
d.a. e. Ro
dü dü dü How should I
dü dü dü dü dü dü dü
dü dü dü dü
Doubt though the
dü dü dok
dü
25
di dik
dü dü di dik dong
wat - ti wat - ti
stars are fi - re
dr djik
26
di dü di dü düh di di dü dü
should I your true love dü dü di dik dong
dok dok should I your
tüh düh düh düh düh
doubt though the sun doth move
dr djik

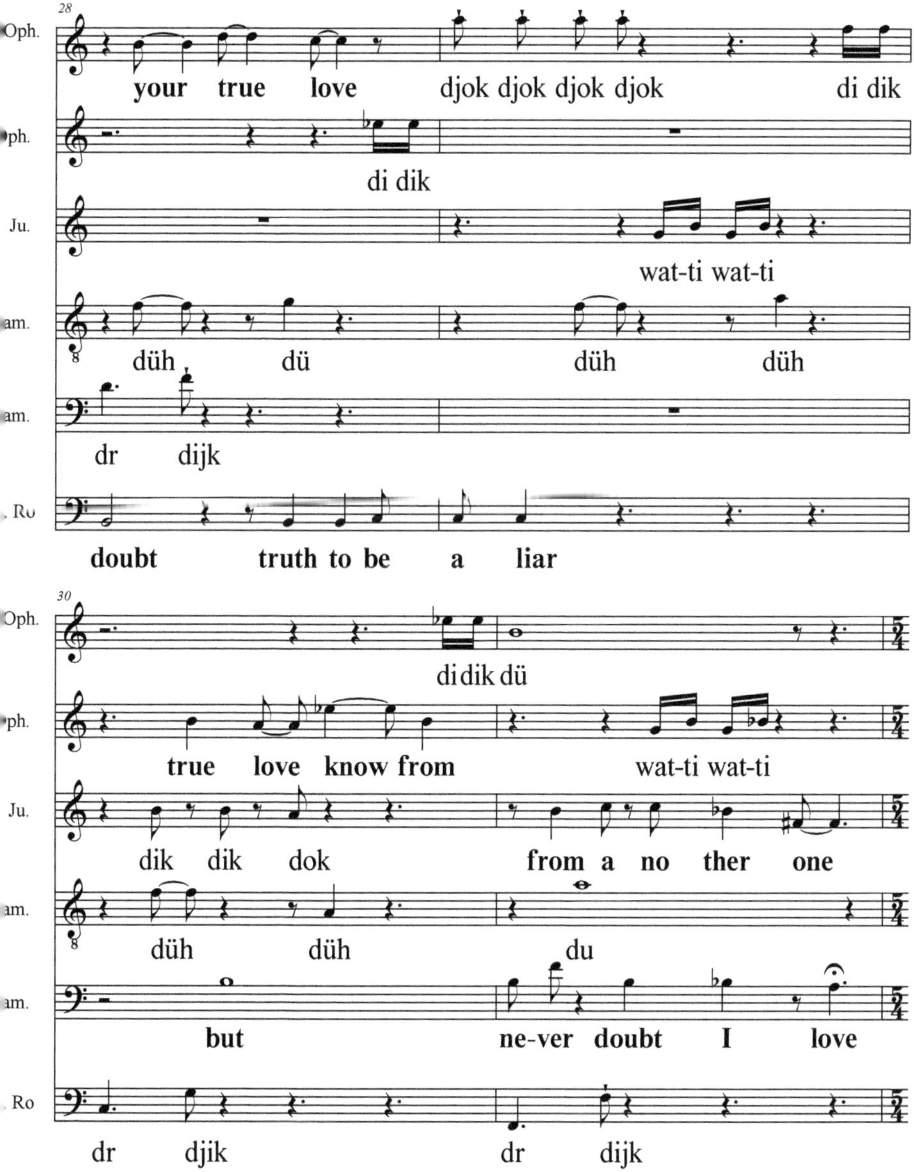
28
Oph.
your true love djok djok djok djok di dik
ph.
di dik
Ju.
wat-ti wat-ti
am.
düh dü düh düh
am.
dr dijk
Ro
doubt truth to be a liar
30
Oph.
di dik dü
ph.
true love know from wat-ti wat-ti
Ju.
dik dik dok from a no ther one
am.
düh düh du
am.
but ne-ver doubt I love
Ro
dr djik dr dijk

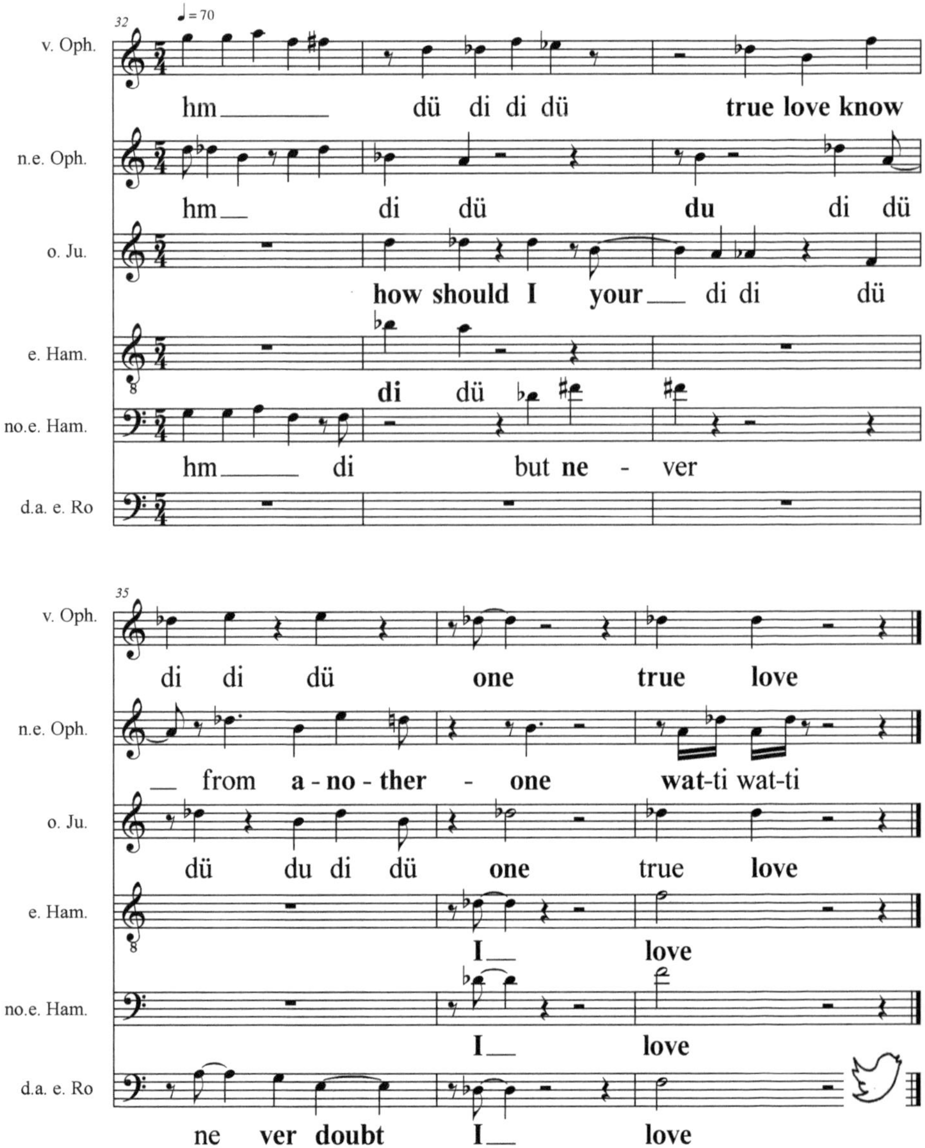
32
♩= 70
v. Oph.
hm dü di di dü true love know
n.e. Oph.
hm di dü du di dü
o. Ju.
how should I your di di dü
e. Ham.
di dü
no.e. Ham.
hm di but ne - ver
d.a. e. Ro
35
v. Oph.
di di dü one true love
n.e. Oph.
from a - no - ther - one wat-ti wat-ti
o. Ju.
dü du di dü one true love
e. Ham.
I love
no.e. Ham.
I love
d.a. e. Ro
ne ver doubt I love

fear

fears make devils of cherubims: they never see truly

6 Männer und Frauen sind das Volk.
Sie singen unter Einbeziehung der Töne **AfD**

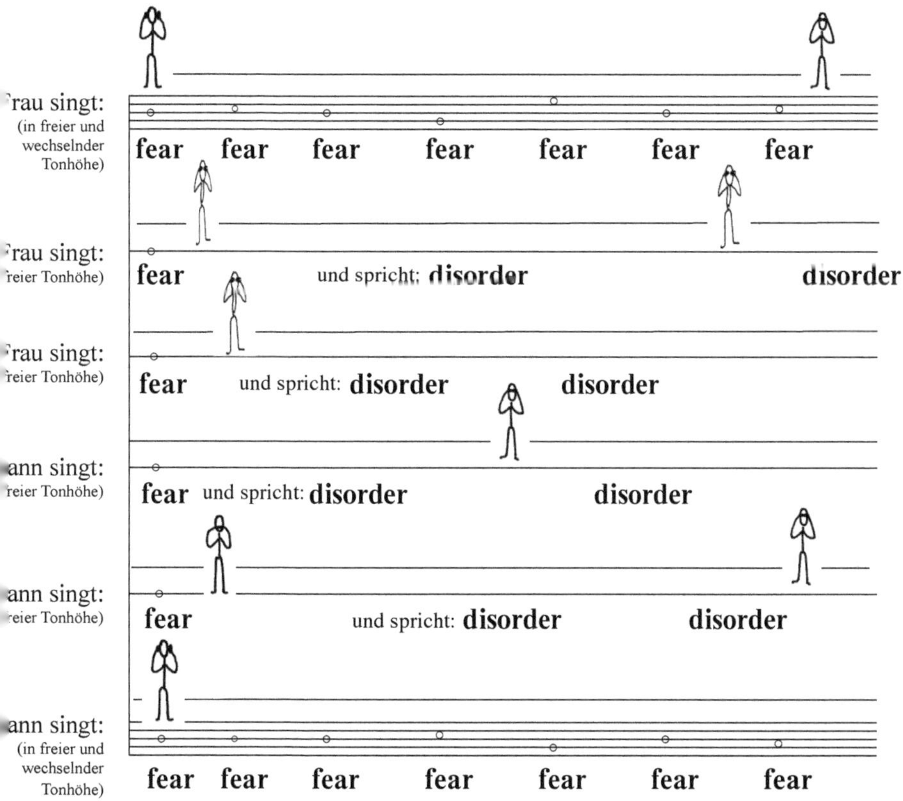

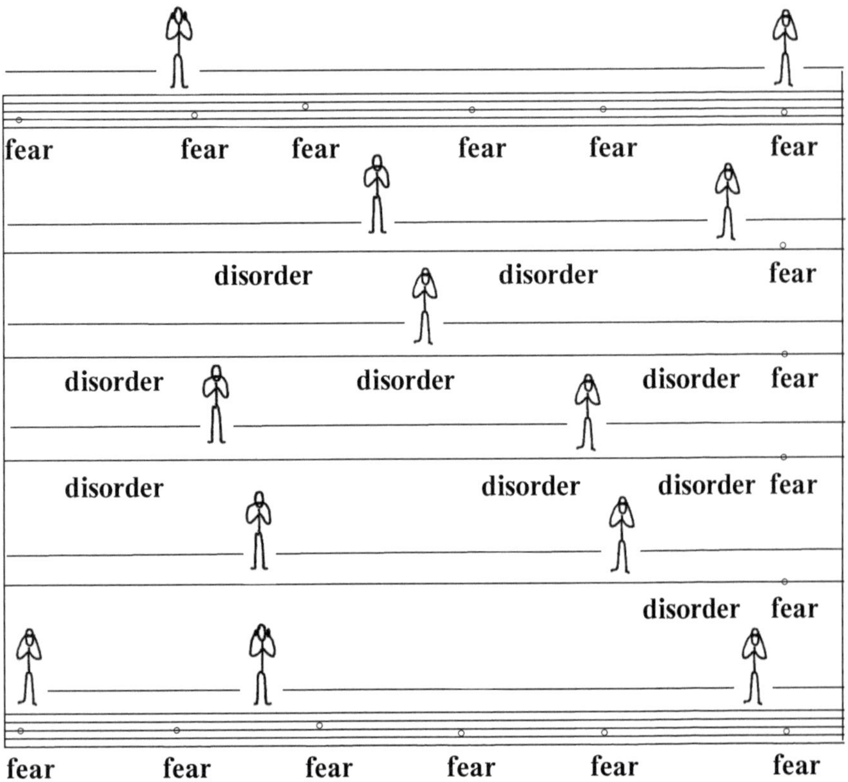
fear fear fear fear fear fear
disorder disorder fear
disorder disorder disorder fear
disorder disorder disorder fear
disorder fear
fear fear fear fear fear fear

blood

Eine Gruppe Menschen steht in einer Reihe
mit dem Rücken zum Publikum. Sie sprechen alle:

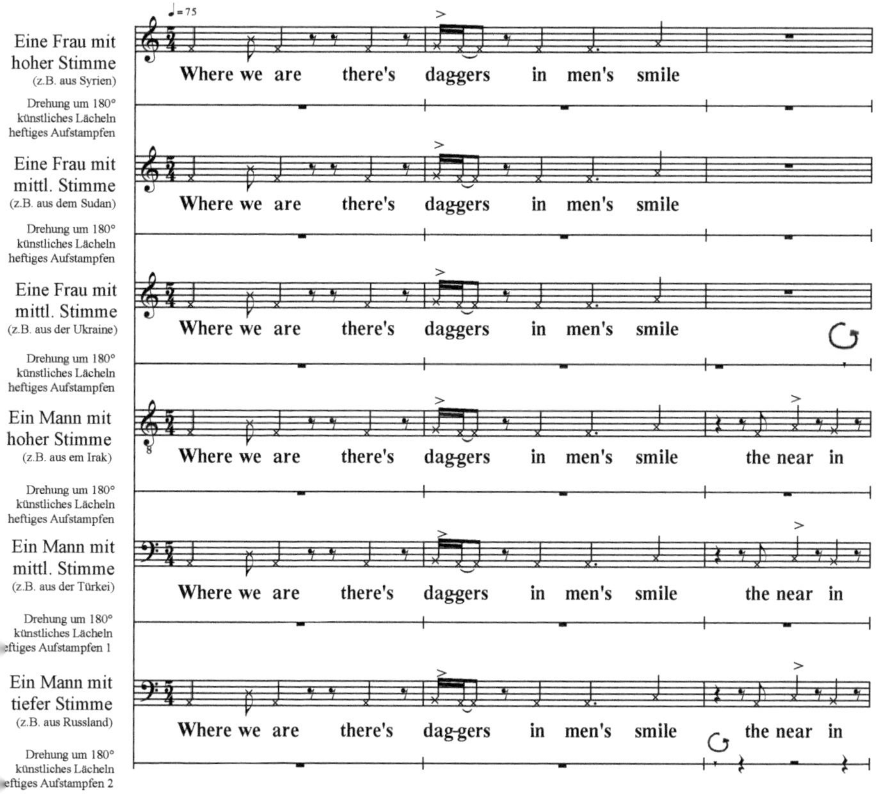

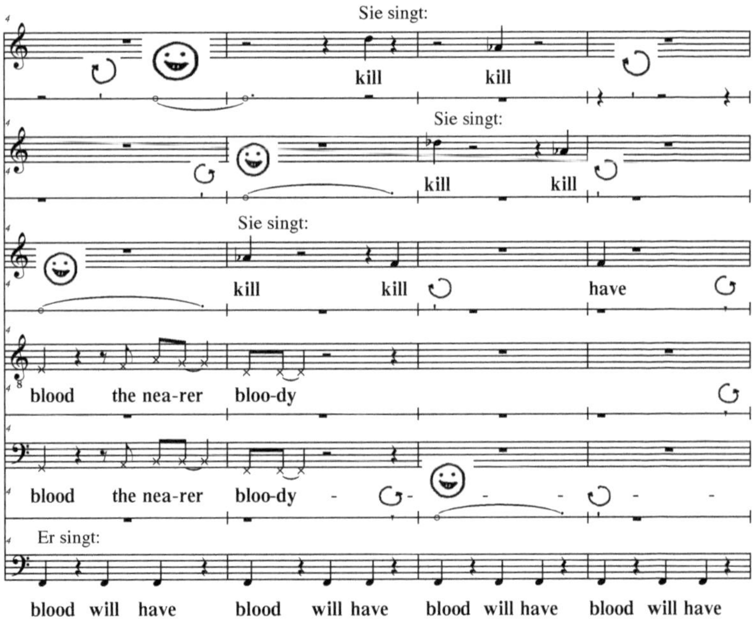
Sie singt:
kill kill
Sie singt:
kill kill
Sie singt:
kill kill have
blood the nea-rer bloo-dy
blood the nea-rer bloo-dy - - - - - -
Er singt:
blood will have blood will have blood will have blood will have

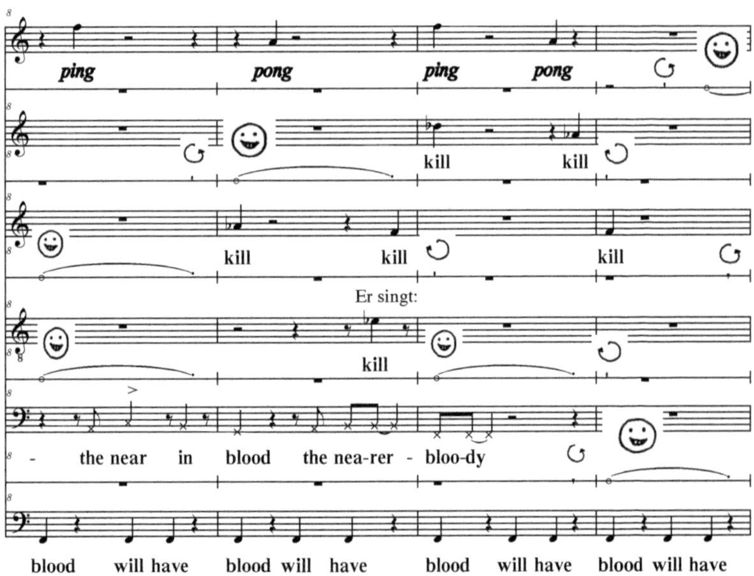
ping pong ping pong
kill kill
kill kill kill
Er singt:
kill
- the near in blood the nea-rer - bloo-dy
blood will have blood will have blood will have blood will have

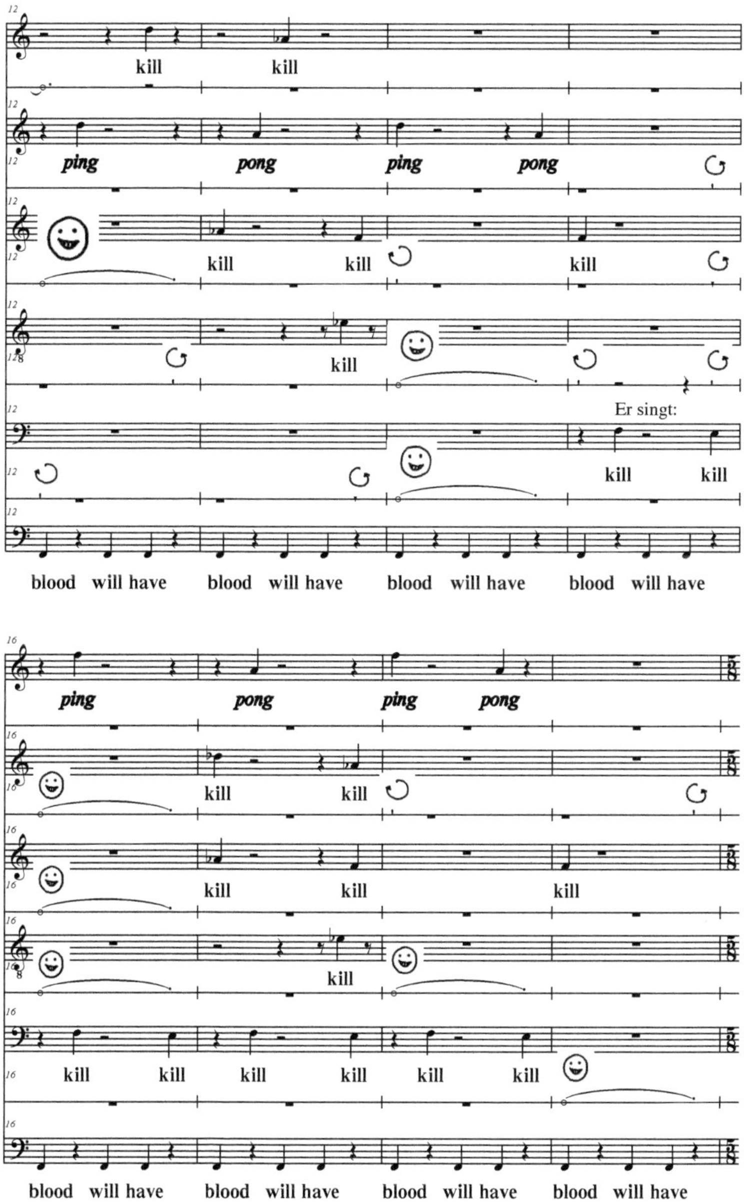
kill kill
ping pong ping pong
kill kill kill
kill
Er singt:
kill kill
blood will have blood will have blood will have blood will have
ping pong ping pong
kill kill
kill kill kill
kill
kill kill kill kill kill kill
blood will have blood will have blood will have blood will have

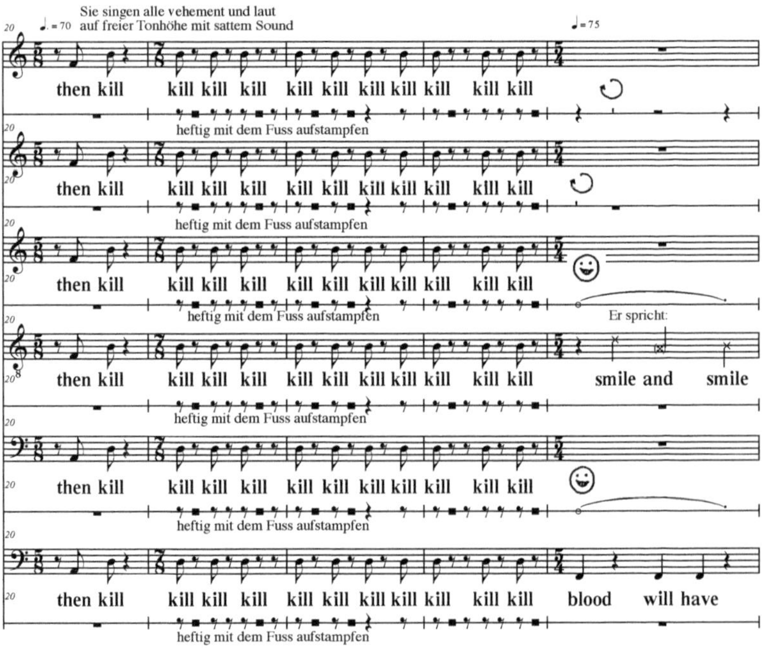
Sie singen alle vehement und laut
auf freier Tonhöhe mit sattem Sound
♩. = 70
♩ = 75
then kill kill kill kill kill kill kill kill kill kill kill
heftig mit dem Fuss aufstampfen
Er spricht:
smile and smile
blood will have

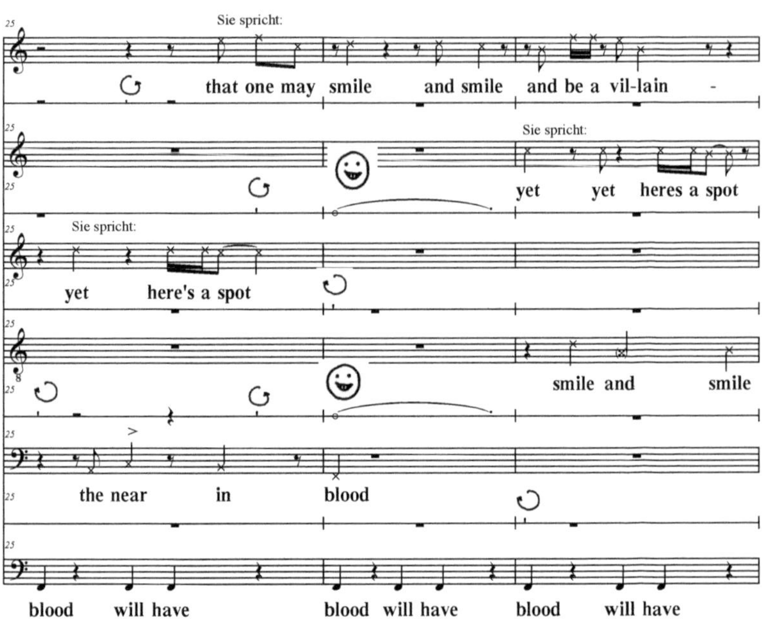
Sie spricht:
that one may smile and smile and be a vil-lain -
Sie spricht:
yet yet heres a spot
Sie spricht:
yet here's a spot
smile and smile
the near in blood
blood will have blood will have blood will have

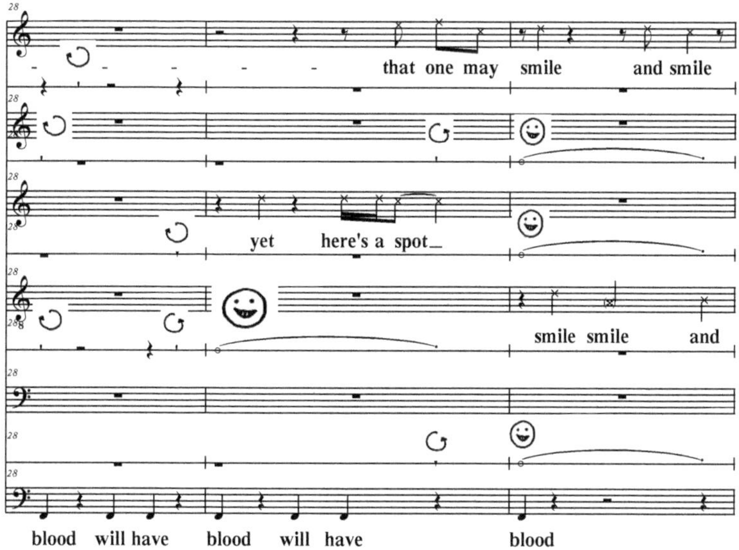
28
that one may smile and smile
yet here's a spot
smile smile and
blood will have blood will have blood

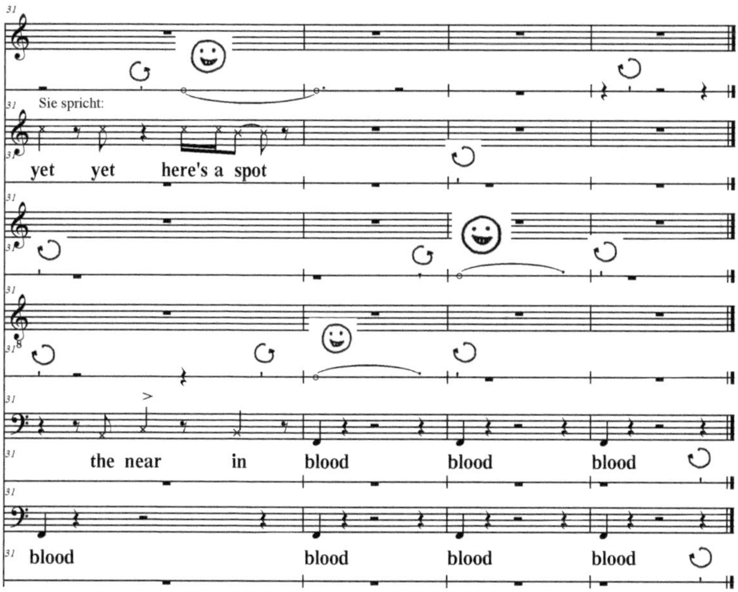
31
Sie spricht:
yet yet here's a spot
the near in blood blood blood
blood blood blood blood

death

Eine Gruppe Menschen steht locker, entspannt
und lose zusammen.
Man hört sie leise murmeln:

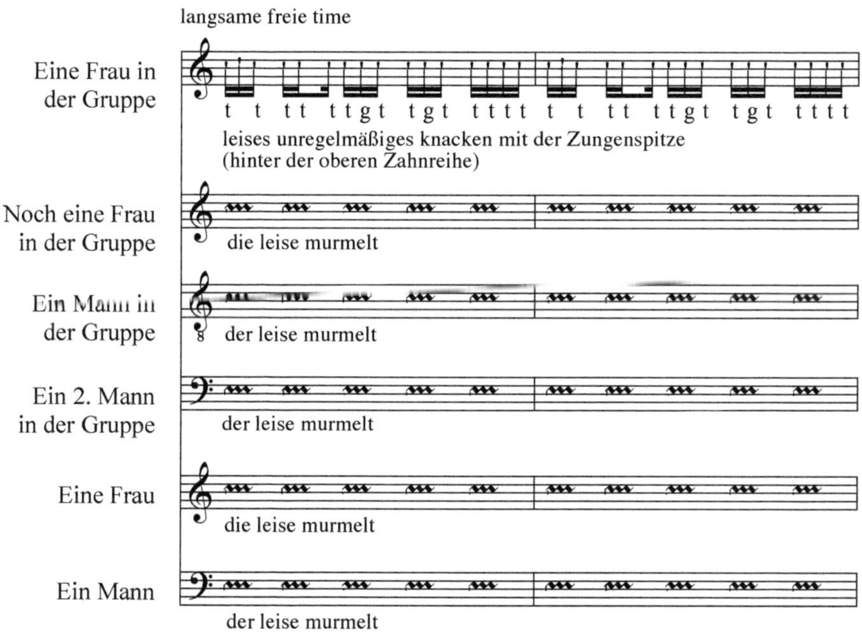

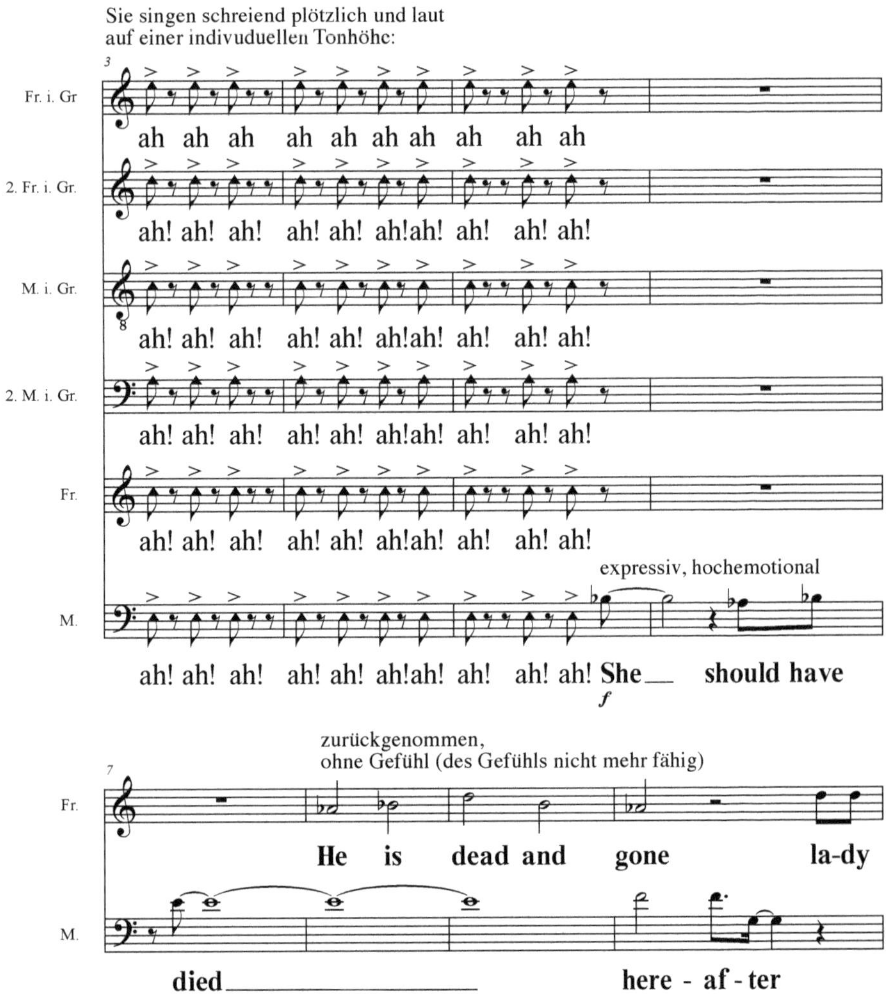
Sie singen schreiend plötzlich und laut
auf einer indivuduellen Tonhöhe:
3
Fr. i. Gr
ah ah ah ah ah ah ah ah ah ah
2. Fr. i. Gr.
ah! ah! ah! ah! ah! ah!ah! ah! ah! ah!
M. i. Gr.
ah! ah! ah! ah! ah! ah!ah! ah! ah! ah!
2. M. i. Gr.
ah! ah! ah! ah! ah! ah!ah! ah! ah! ah!
Fr.
ah! ah! ah! ah! ah! ah!ah! ah! ah! ah!
expressiv, hochemotional
M.
ah! ah! ah! ah! ah! ah!ah! ah! ah! ah! She should have
f
zurückgenommen,
ohne Gefühl (des Gefühls nicht mehr fähig)
7
Fr.
He is dead and gone la-dy
M.
died here - af - ter

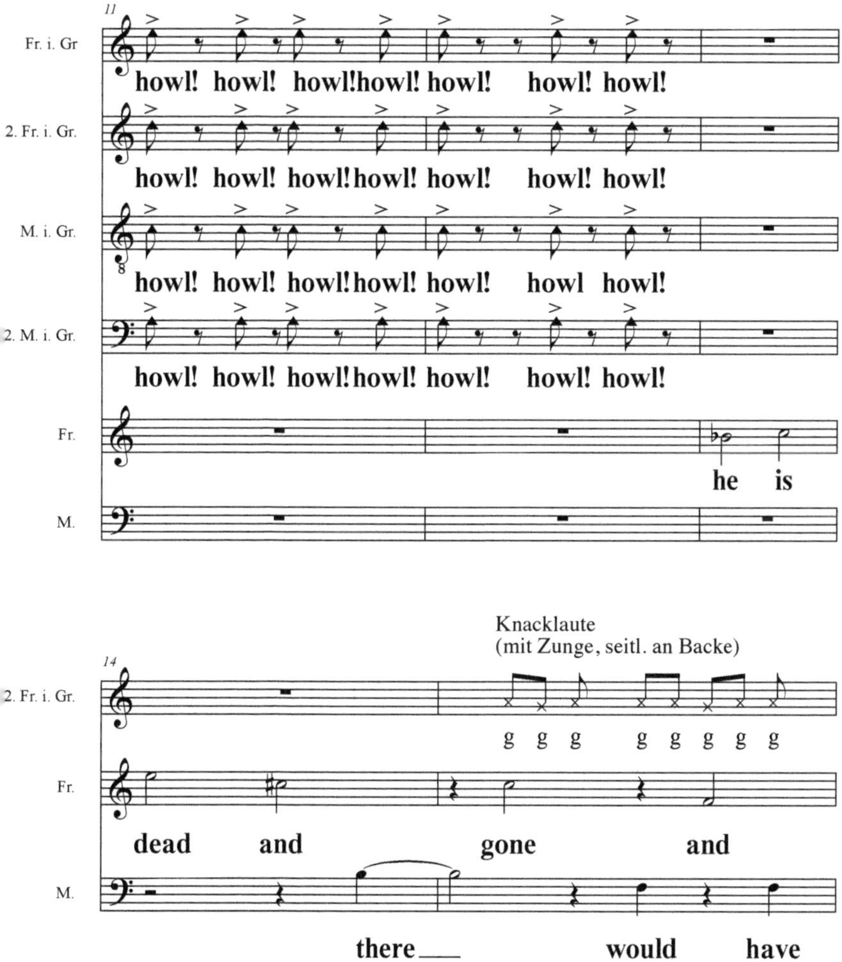
11
Fr. i. Gr
howl! howl! howl!howl! howl! howl! howl!
2. Fr. i. Gr.
howl! howl! howl!howl! howl! howl! howl!
M. i. Gr.
howl! howl! howl!howl! howl! howl howl!
2. M. i. Gr.
howl! howl! howl!howl! howl! howl! howl!
Fr.
he is
M.
Knacklaute
(mit Zunge, seitl. an Backe)
14
2. Fr. i. Gr.
g g g g g g g g
Fr.
dead and gone and
M.
there ___ would have

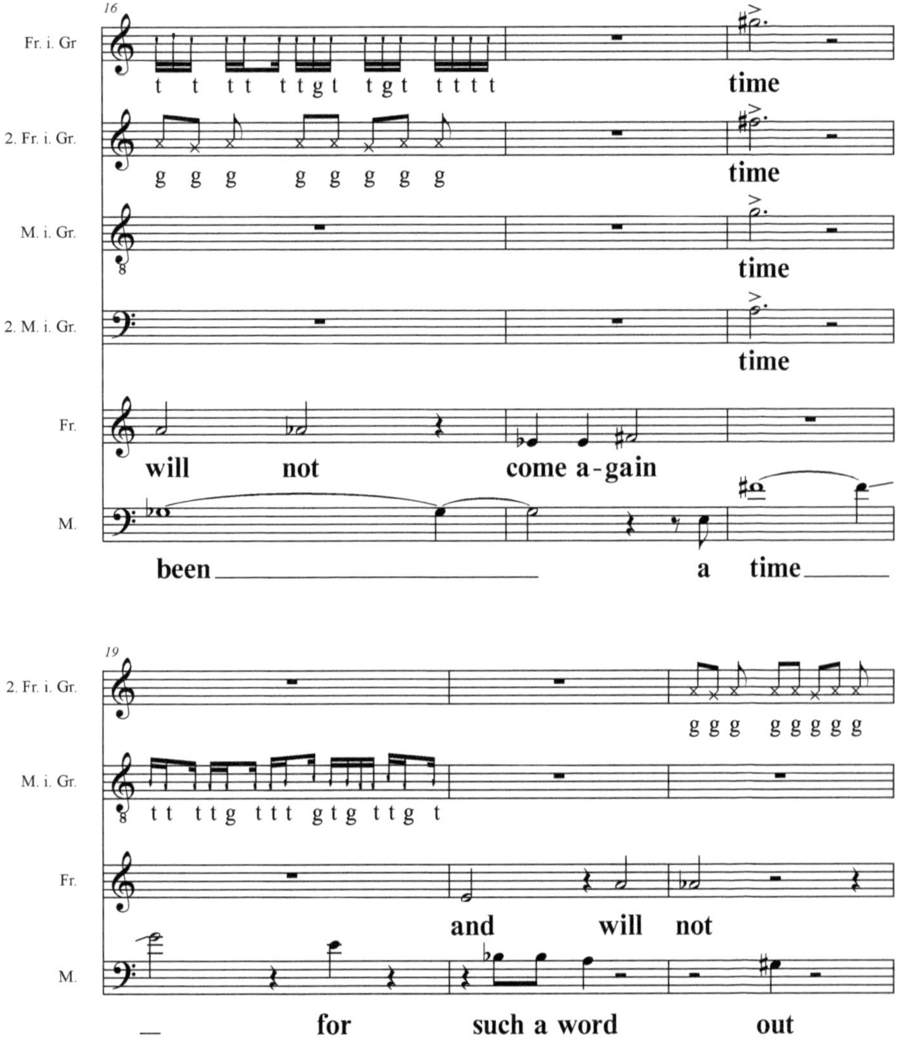
16
Fr. i. Gr
t t t t t t g t t g t t t t t
time
2. Fr. i. Gr.
g g g g g g g g
time
M. i. Gr.
time
2. M. i. Gr.
time
Fr.
will not come a-gain
M.
been a time
19
2. Fr. i. Gr.
g g g g g g g g
M. i. Gr.
t t t t g t t t g t g t t g t
Fr.
and will not
M.
for such a word out

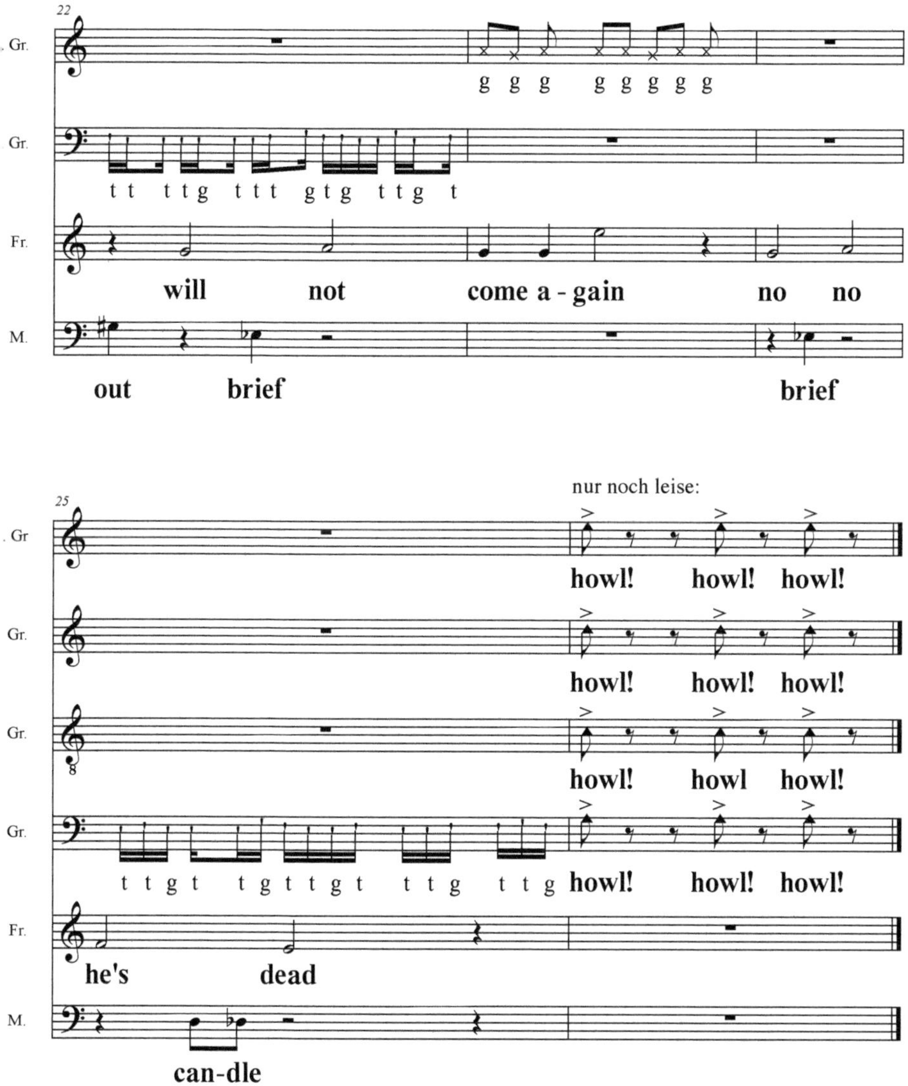
22
Gr.
g g g g g g g g
Gr.
t t t t g t t t g t g t t g t
Fr.
will not come a - gain no no
M.
out brief brief
25
nur noch leise:
Gr
howl! howl! howl!
Gr.
howl! howl! howl!
Gr.
howl! howl howl!
Gr.
t t g t t g t t g t t t g t t g
howl! howl! howl!
Fr.
he's dead
M.
can-dle

from dream to death

6 Stimmen erklingen langsam, versponnen, leise,
im Raum verteilt (um das Publikum herum)

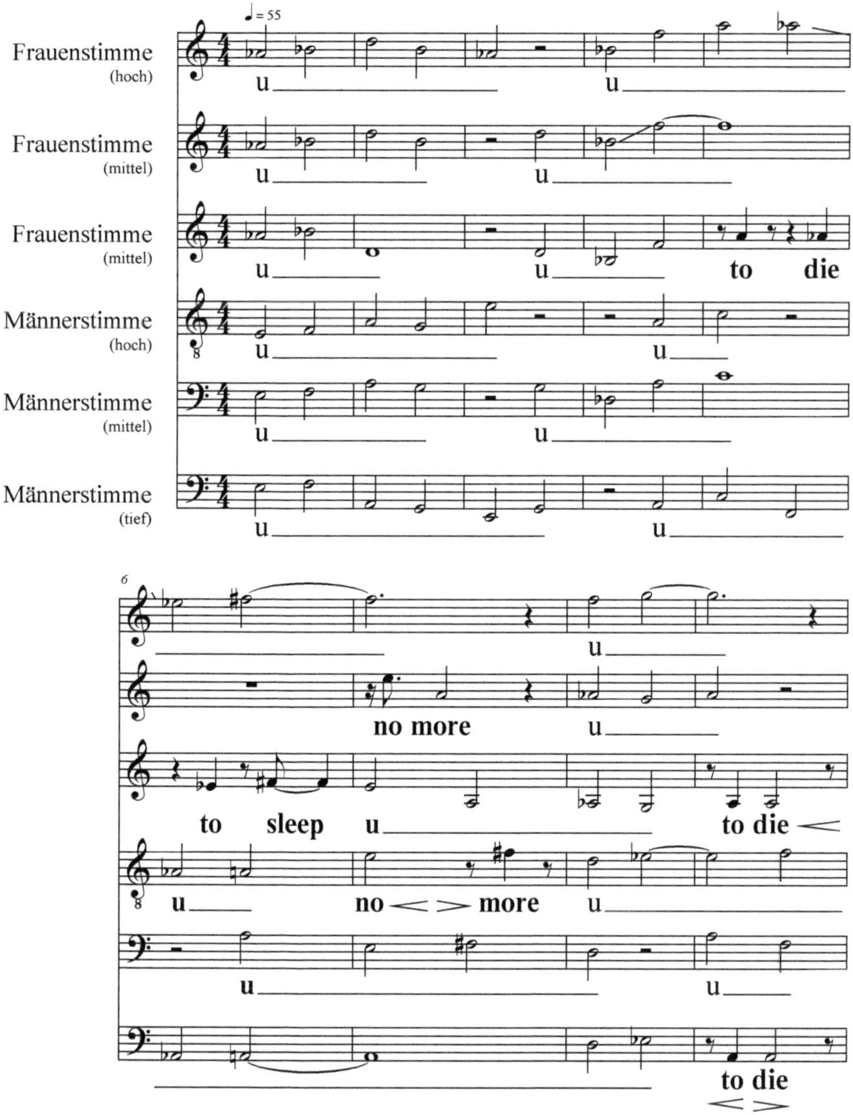

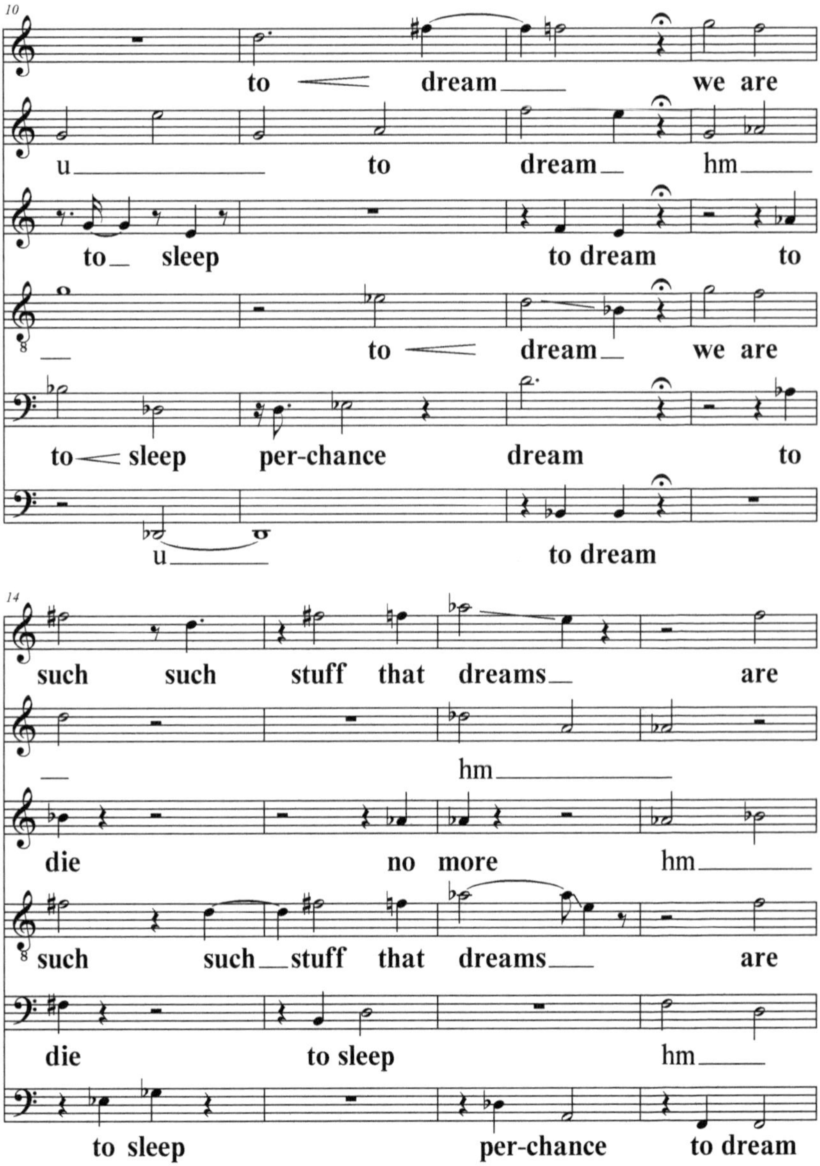
10
to dream we are
u to dream hm
to sleep to dream to
to dream we are
to sleep per-chance dream to
u to dream
14
such such stuff that dreams are
hm
die no more hm
such such stuff that dreams are
die to sleep hm
to sleep per-chance to dream

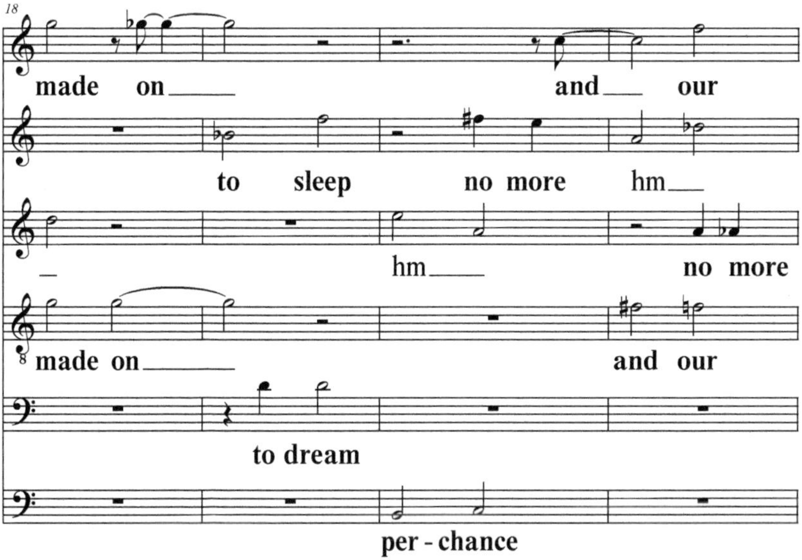
18
made on___ and___ our
to sleep no more hm___
_ hm___ no more
made on______ and our
to dream
per - chance

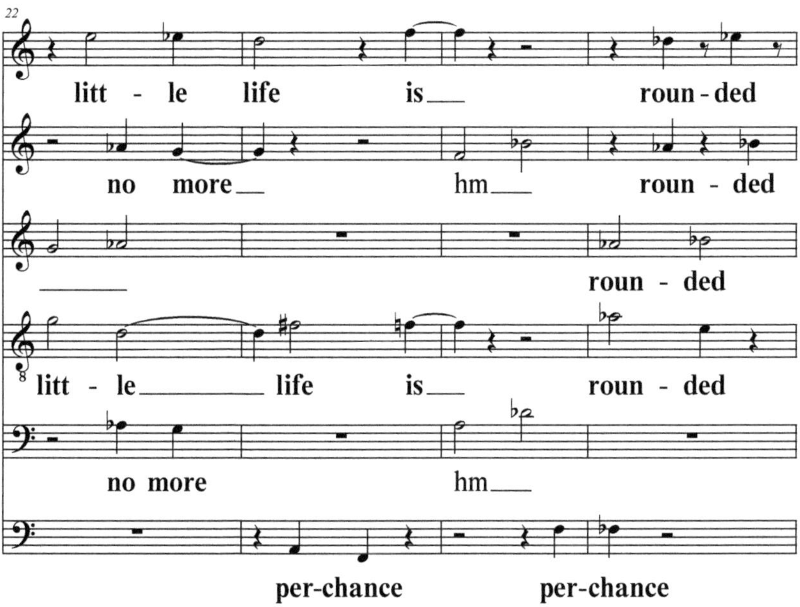
22
litt - le life is___ roun - ded
no more___ hm___ roun - ded
______ roun - ded
litt - le________ life is___ roun - ded
no more hm___
per-chance per-chance

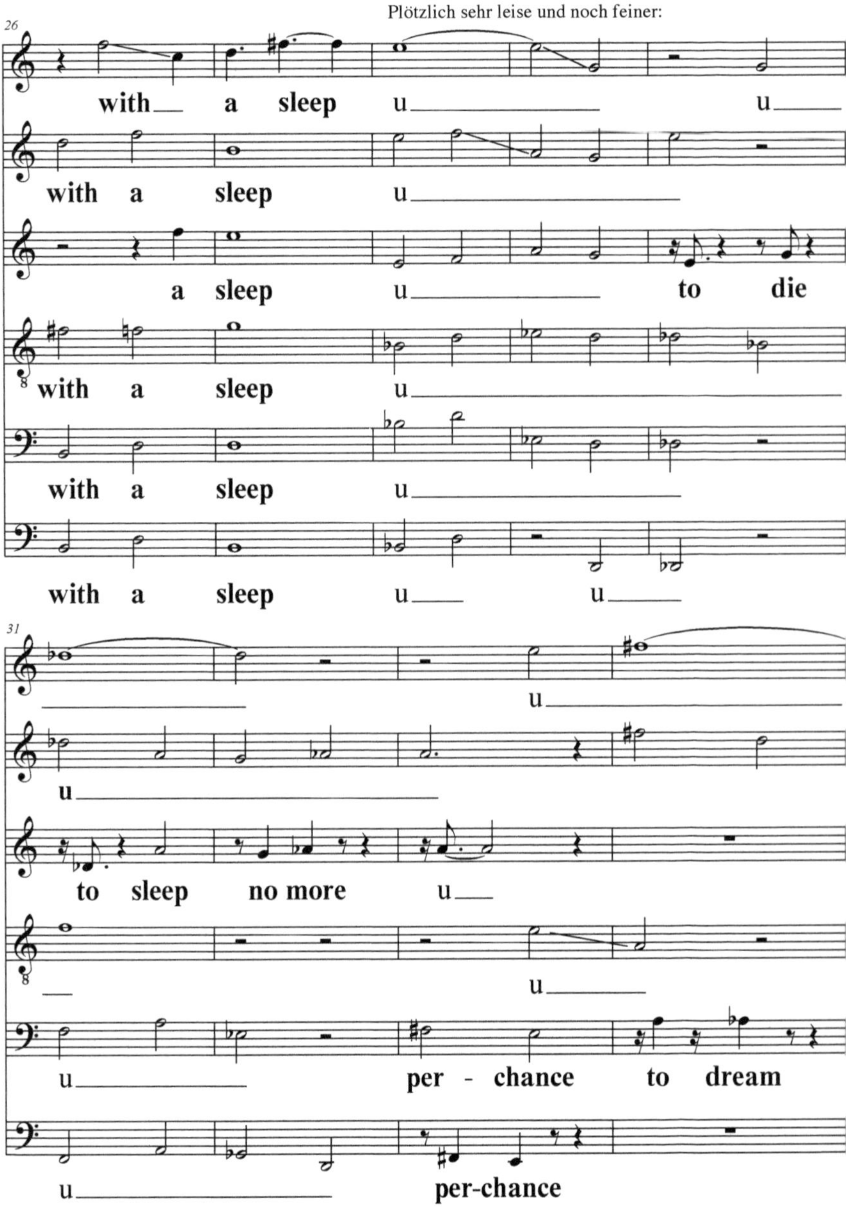
Plötzlich sehr leise und noch feiner:
26
with a sleep u u
with a sleep u
a sleep u to die
with a sleep u
with a sleep u
with a sleep u u
31
u
u
to sleep no more u
u
u per - chance to dream
u per-chance

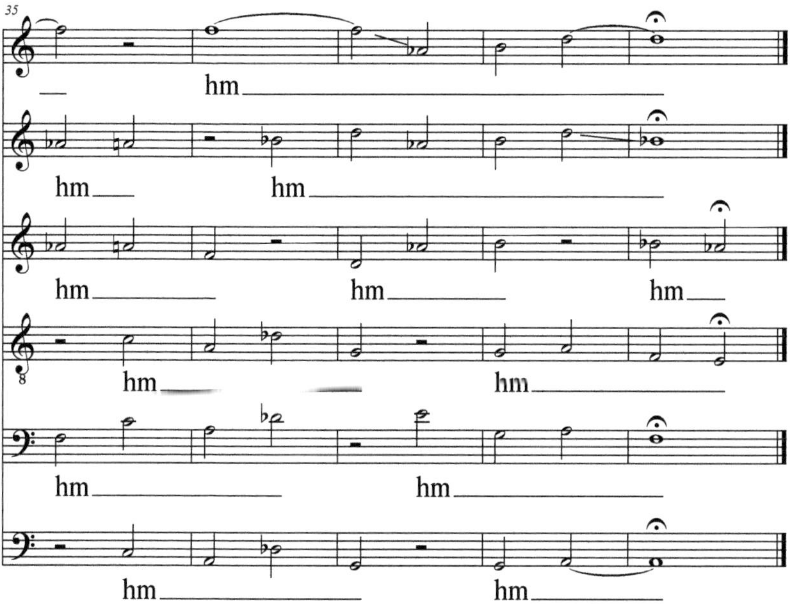
35
hm
hm hm
hm hm hm
hm hm
hm hm
hm hm

love

a lovers ear will hear the lowest sound

3 Paare im Tanz, unabhängig voneinander - aufeinander abgestimmt

Sie singen in denkbar zartester Weise

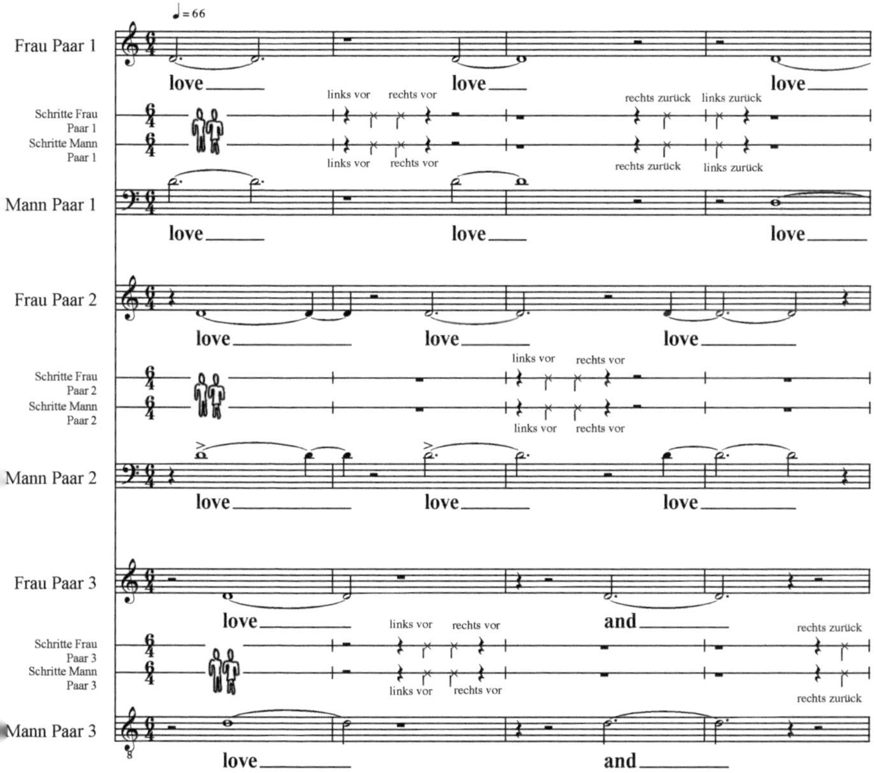

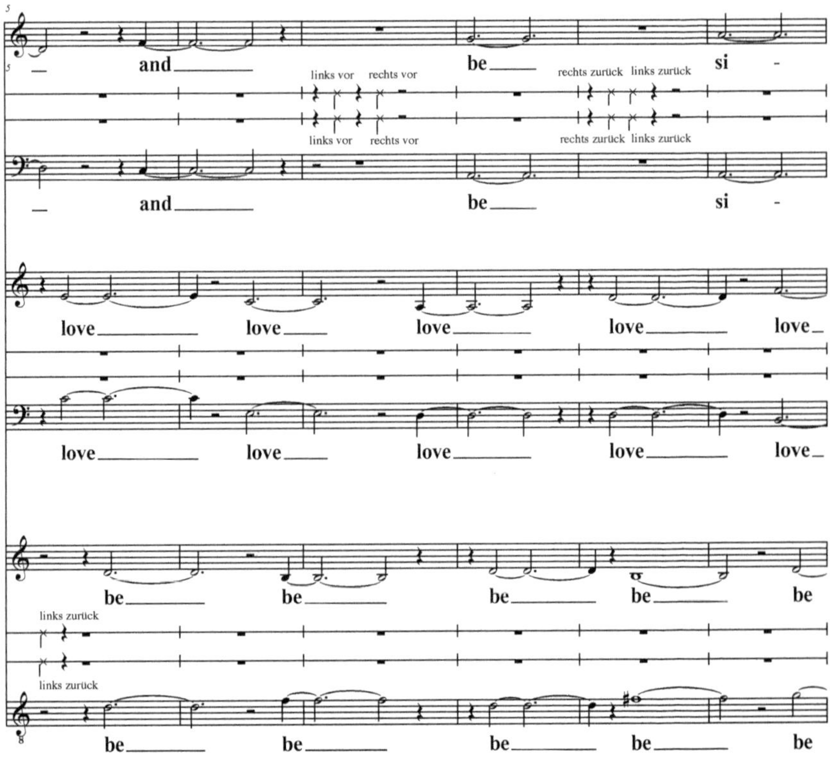
and
be
si -
links vor
rechts vor
rechts zurück
links zurück
love
be
links zurück

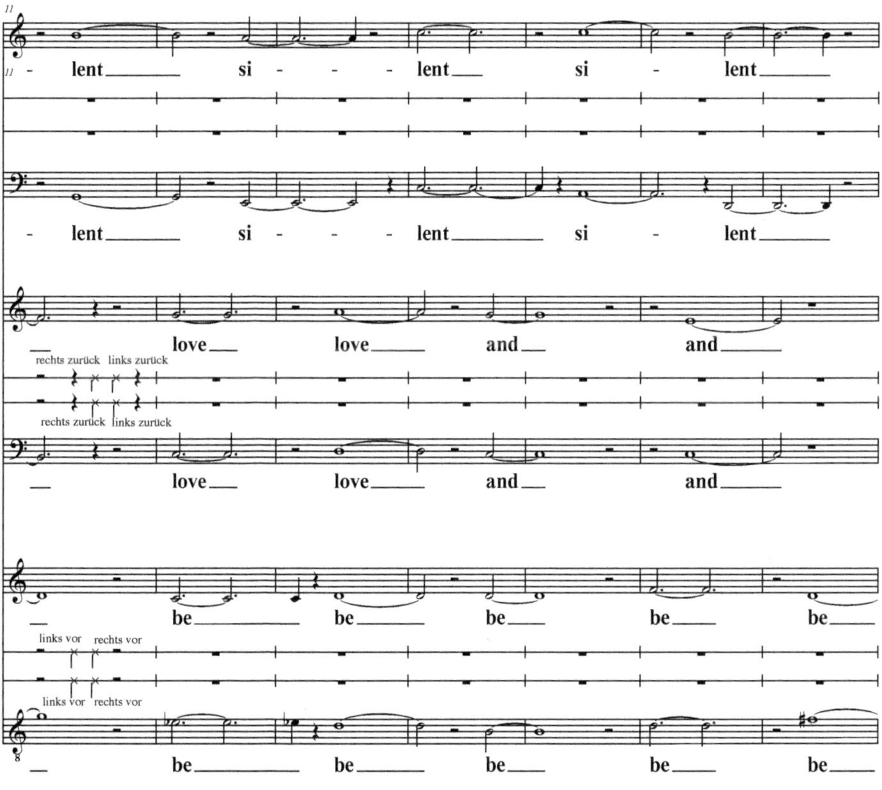
11
- lent si - - - lent si - lent
- lent si - - - lent si - lent
love love and and
rechts zurück links zurück
rechts zurück links zurück
love love and and
be be be be be
links vor rechts vor
links vor rechts vor
be be be be be

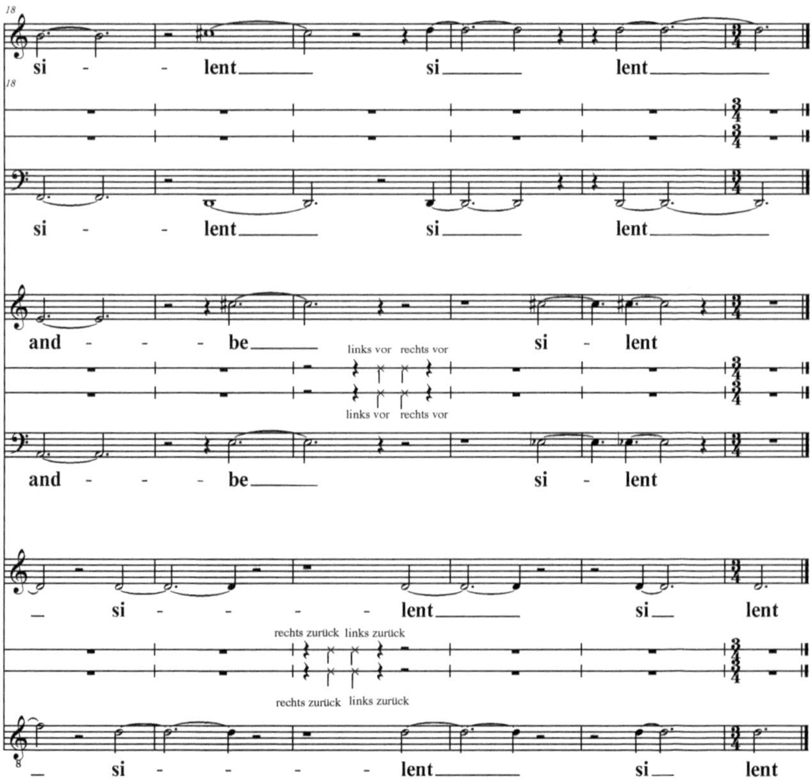
18
si - - lent si lent
18
si - - lent si lent
and - - - be si - lent
links vor rechts vor
links vor rechts vor
and - - - be si - lent
si - - - - lent si lent
rechts zurück links zurück
rechts zurück links zurück
si - - - - lent si lent

nothing

the rest is silence

Ein Pärchen (Frau-Mann, kann aber auch Frau-Frau oder Mann-Mann sein) sitzt sich gegenüber. Sie schauen bzw. starren links aneinander vorbei.
Eine gewisse Spannung liegt in der Luft.
(mit Spannung geladene Pausen!)

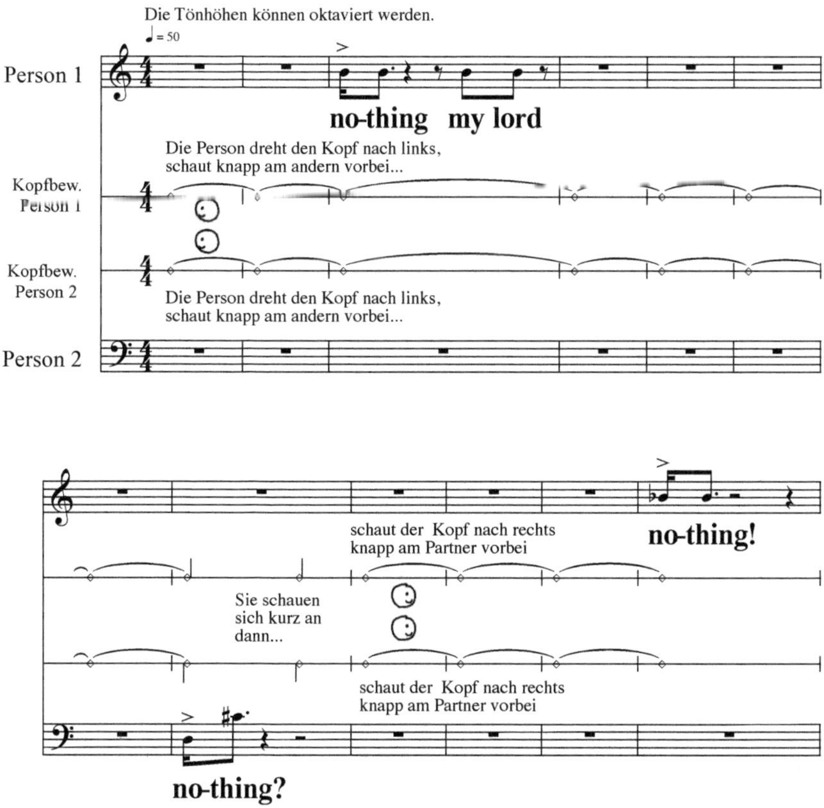

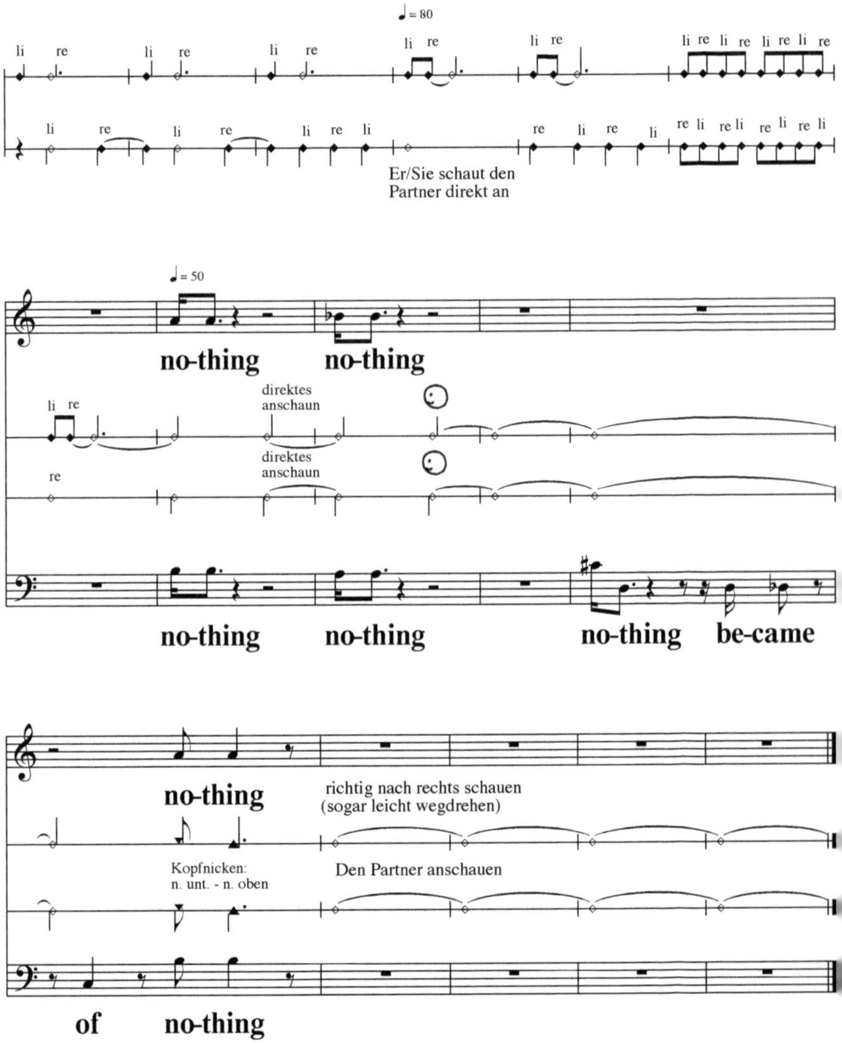
♩ = 80
Er/Sie schaut den Partner direkt an
♩ = 50
no-thing
no-thing
direktes anschaun
direktes anschaun
no-thing
no-thing
no-thing
be-came
no-thing
richtig nach rechts schauen (sogar leicht wegdrehen)
Kopfnicken: n. unt. - n. oben
Den Partner anschauen
of
no-thing

epilog

not to be

3 Paare stehen sich gegenüber:

Person 5 gegenüber Person 6
Person 3 gegenüber Person 4
Person 1 gegenüber Person 2

Die Paare schütteln sich jeweiles rhythmisch die Hände.

Daraufhin: schüttelt P 1 P 3, P 2 P 4 und P 5 P 6 die Hände:

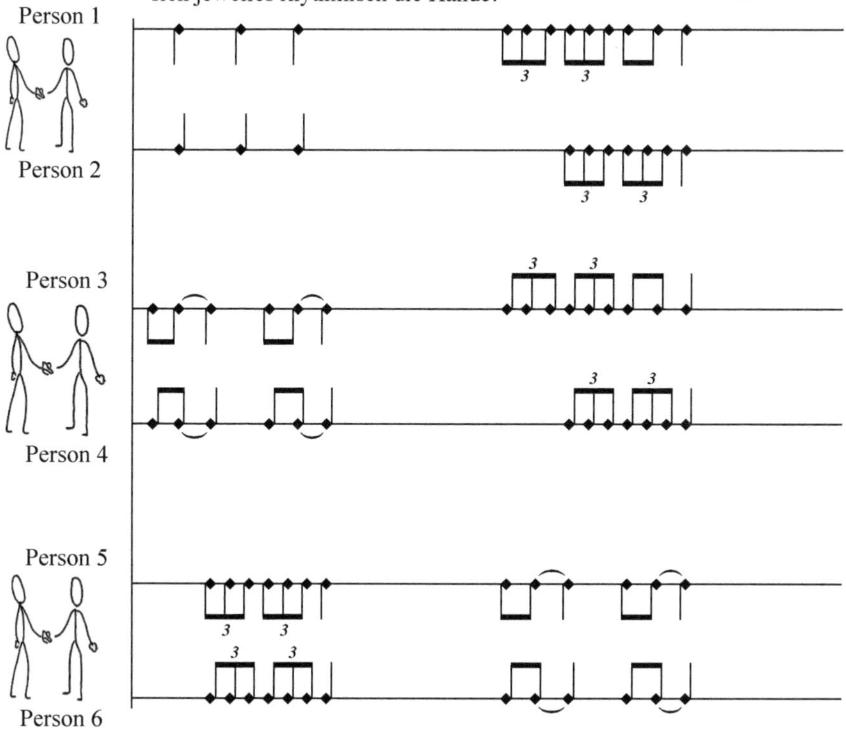

P 1 geht nun langsam in die Menschenmenge zurück...

und starrt wie gebannt auf die eine Handfläche, während der Zeigefinger der anderen Hand langsam über die angestarrte Handfläche wischt.

P 2 geht schnell aber entspannt in die Menschenmenge zurück...

und starrt wie gebannt auf die eine Handfläche und tippt in schnellen Einheiten mit dem einen Daumen darauf herum.

P 3 und P 5 schütteln sich die Hände bzw. klopfen auf die Schulter

Nun geht diese Person entspannt in die Menschenmenge zurück...

Hand 3 Schulter

P 4 und P 6 schütteln sich die Hände/ klopfen sich auf die Schulter

Diese Person geht wiederum gehetzt in die Menschenmenge zurück..

Hand Schulter

P 5 und 6 schütteln sich nochmals beherzt rhythmisch die Hände und klopfen sich auf die Schulter.

3 Hand Schulter

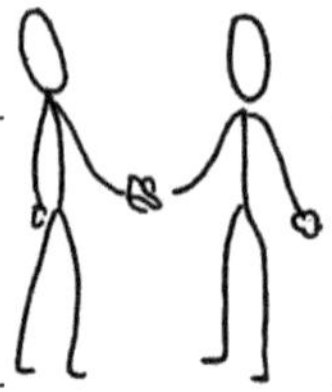

3 3 Hand Schulter

Hand Schulter

3 3

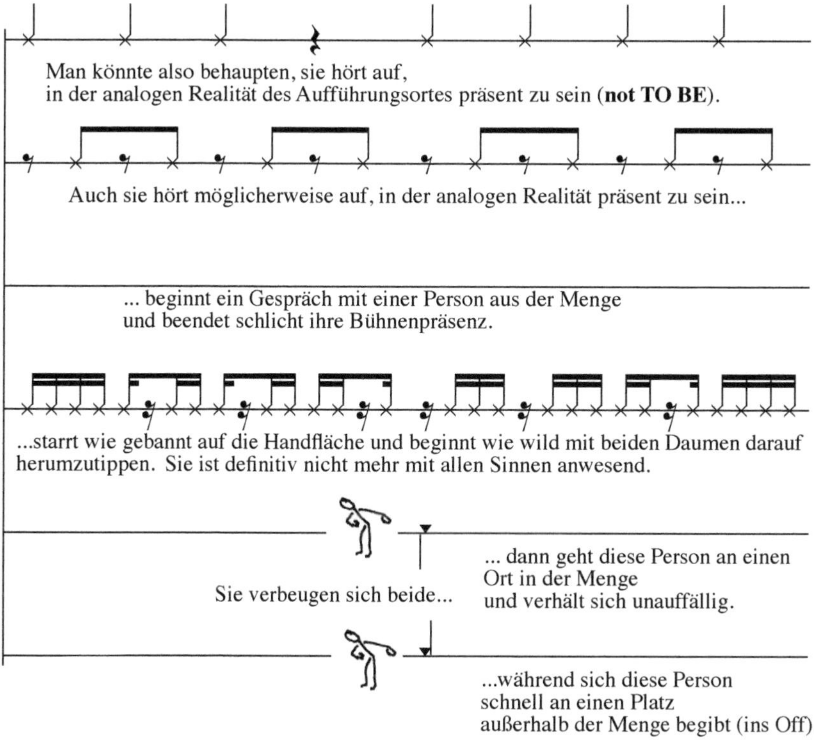

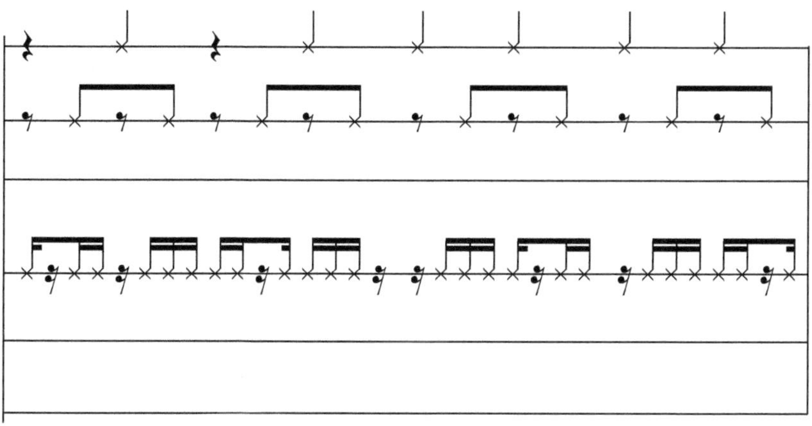

Time is come round. And where I did begin, there shall I end.

„Who is there?“

Christina C. Messners *operattles* nach William Shakespeare

von Rainer Nonnenmann

„In der Kürze liegt die Würze“
William Shakespeare, *Hamlet*

Die Gattung Oper verdankt sich einem produktiven Missverständnis. Um 1600 wollten Komponisten wie Jacopo Peri und Claudio Monteverdi im Geiste von Humanismus und Renaissance die griechische Tragödie wiederbeleben. Doch weil man über deren Aufführungspraxis wenig wusste, füllte man die Leerstellen mit Phantasie. Das Ergebnis war weniger eine Rekonstruktion der antiken Klassik als vielmehr die Kreation einer neuen Gattung, die maßgeblich das Barockzeitalter prägte, eben die Oper. Deren erste Sujets rankten sich um Orpheus, den Schutzpatron von Musik und Gesang, dessen Kunst selbst Steine zu erweichen und den Tod zu bezwingen vermochte. Anlässe zu opulenten Aufführungen mit Schauspielern, Sängern, Chören, Orchester, Kulissen, Masken und Kostümen gaben rauschende Krönungs-, Hochzeits-, Sieges- und Jubelfeiern an den Fürstenhöfen in Florenz und Mantua. Da hierzu adelige Herrschaften von weither anreisten, machte die feudale Lustbarkeit bald die Runde in ganz Italien und Europa. Vielerorts wurden Opernhäuser errichtet, temporär bzw. dauerhaft in Schlössern, Parks und auf öffentlichen Plätzen. In Städten gastierten zunächst vor allem Wanderbühnen, die in Zelten und provisorisch gezimmerten Theatern ein paar Wochen lang spielten und dann weiterzogen. Die aufstrebenden Handels-, Handwerker- und Industriestädte des 19. Jahrhunderts erkannten in der Oper schließlich eine Möglichkeit zur Repräsentation ihres Wohlstands und Kunstverstands. Zum Zweck bürgerlicher Besitzdemonstration, Unterhaltung und Bildung schöner Seelen errichtete man prächtige Musentempel für Thalia und Polyhymnia, geweiht „Dem Wahren, Schönen, Guten“, mit antikisierenden Säulenportalen, Prunktreppen, Blattgold, Ebenholz, Marmor, Fresken, Spiegeln... Alles vom Feinsten. Denn bereits das bloße Betreten der Schatzhäuser sollte das ohnehin schon gehobene Publikum noch weiter heben.

Gegen die steingewordene Demonstration feudaler und bourgeoiser Macht rebellierten immer wieder Komponisten und Theatermacher, allen voran Richard Wagner, der für die Hof-, Stadt- und Staatstheater kaum anderes denn Verachtung übrig hatte, hielt er sie doch allesamt für glänzende Popanze, äußerlich prächtig, innerlich aber leer, rückständig, niveaulos, verrottet. Zu Beginn seiner Arbeit an der Tetralogie *Der Ring des Nibelungen* skizzierte Wagner 1849/50, wie er sich die Uraufführung seines auf vier Tage angelegten Werks vorstellte: An den Ufern des Zürichsees – denn der Dresdner Kapellmeister war nach der niedergeschlagenen Revolution 1849 ins Schweizer Exil geflohen – sollte ein großes hölzernes Festspielhaus errichtet werden, ferner hätten die international besten Musiker und Sänger drei Monate lang zu proben, und dann wären Menschen von überall her einzuladen, um mit größter Konzentration einer Aufführung des Weltendramas beizuwohnen. Anschließend sei das Gebäude wieder abzubrechen, das Holz zu verkaufen und die Partitur zu verbrennen. An die Stelle routinierten Repertoiretheaters sollte ein einzigartiges, hier und jetzt einmaliges Ereignis treten: Vier Tage weißglühende Intensität und brennende Emphase – dann aus und vorbei, nur noch Trümmer und Asche. Doch die kompromisslos gegen den elenden Betrieb aus Zwängen, Mittelmaß und Unverständnis gerichtete Ausschließlichkeit „Hier gilt’s der Kunst!“ nahm bekanntlich eine andere Wendung: Es fand sich ein königlicher Gönner, und in einem fränkischen Provinzstädtchen wurde ein dauerhaftes Festspielhaus errichtet, wo der *Ring* 1876 Premiere feierte und Wagners Musikdramen bis heute gespielt werden. Das ästhetische Ideal mündete in die Richard-Wagner-Festspiele Bayreuth, mit allen Vor- und Nachteilen einer solchen Institution: leistungs- und leidensfähig, großartig und behäbig, modern und museal, kostbar und teuer.

Indes sind die Wege und Selbstheilungskräfte der Kunst unerschöpflich. Auf dem Höhepunkt des Wagnerismus nach Ende des Ersten Weltkriegs polemisierte eine junge Komponistengeneration aus dezidiert antiromantischer Haltung gegen aufgedonnerte Pathetik, schwülstige Gefühligkeit, verschwurbelte Stabreime und dunkel raunende Mythologie. All die Fabelwesen, Riesen, Zwerge, Drachen, Zauberer, Ritter, Germanen und Superhelden wurden der Lächerlichkeit preisgegeben. An die Stelle monumentaler Götterdämmerungen traten kurze Einakter, Kammeropern und sogenannte „Zeitopern", zum Beispiel von Igor Strawinsky, Paul Hindemith, Ernst Krenek, Kurt Weill, Max Brand, George Antheil, Karl Amadeus Hartmann, Dimitri Schostakowitsch und anderen. Der Überbietungslogik des 19. Jahrhunderts folgte die Unterbietung: Weniger war plötzlich mehr. In längstens einer halben Stunde sollte klargemacht werden, worum es ging. Darius Milhaud blieb mit seinen *Opéras minute* (1927) über antike Stoffe (Europa, Ariadne, Theseus) sogar unter zehn Minuten. Die bislang zeitlich, räumlich, besetzungstechnisch, intentional und institutionell größte Gattung wurde auf einmal ganz klein, zur „Minutenoper" und zum Kammerspiel für wenige Sänger und Instrumentalisten. Und die sagen- und märchenhaften Stoffe wurden ersetzt durch Erzählungen vom realen Leben und Alltag der Menschen des 20. Jahrhunderts, mit Maschinen, Automobilen, Fernzügen, Taxis, Hotels, Nachtclubs, Jazzbands, Radio, Telephon, Zeitung etc.

Bis heute scheiden sich an der Oper die Geister. Schließlich liegen Ideal und Idiotie bei dieser großen Illusionsmaschine ebenso oft eng beieinander wie Anspruch und Wirklichkeit auseinanderklaffen. Den einen gilt das Gesamtkunstwerk für alle Sinne als größtmögliches Format für Ausdruck und ästhetische Erfahrung. Für sie ist Oper: Kraftwerk der großen Gefühle, Experimentallabor, humanistische Bildungs- und Besserungsanstalt, am Puls der Zeit, in der Mitte der Gesellschaft, keinen Aufwand scheuend, ausgestattet mit allen technischen Raffinessen von Dreh-, Unter-, Seiten- und Hinterbühne, Schnürboden, Licht- und Beschallungsanlage, Werkstätten, Sound- und Videoprojektionen… Anderen bedeutet Oper dagegen der größtmögliche anzunehmende Unfall: gelähmt vom Ballast der Vergangenheit, Hort des Konservatismus, ästhetizistisches Wolkenkuckucksheim, Unsummen verschlingende Materialschlacht, gehemmt von starren Arbeitszeiten, Tarifverträgen, Verlagsrechten, muffigen Samtfauteuils und einem ebenso riesigen wie hierarchisch organisierten schwerfälligen Apparat aus hunderten Maschinisten, Beleuchtern, Handwerkern, Malern, Schreinern, Schneidern, Schlossern, Bühnenarbeitern, Verwaltungsangestellten, Geschäftsführern, Dramaturgen, Inspizienten, Intendanten…
Doch Oper geht auch anders!

Metamorphes Musiktheater

Immer wieder suchten Künstler nach Alternativen zum großen Mahlwerk Oper. Die alte Gattung wurde parodiert, dekonstruiert, demontiert, flexibilisiert, collagiert, remixed und hybridisiert, sprich mit anderen Genres und Disziplinen gekreuzt, mit Operette, Oratorium, Kantate, Musical, Soap, Tanz, Konzert, Film, Fernsehen, Video, Licht… Musiktheater wurde experimentell, multimedial, transmedial, intermedial, abstrakt, absurd, postdramatisch, non-narrativ, neo-dramatisch, neo-narrativ. John Cage prägte das Happening, John Adams die Dokumentaroper, Mauricio Kagel das instrumentale Theater, Luigi Nono das Hörmusiktheater, Adriana Hölszky das musiktheatrale Tableau, Robert Ashley die Fernsehoper, Steve Reich die Video-Oper, Bernhard Gander die Sitcom-Oper, Trond Reinholdsen das moderierte Showformat, Manos Tsangaris das Stationentheater, und, und, und. Anstelle des Opernhauses mit seiner Theatermaschinerie, staubigen Bühnenluft und starren Rollenverteilung von Akteuren auf der Bühne vor Publikum im Saal bevorzugen manche das Freiluft-, Wander- und Straßentheater. Aus ästhetischen Gründen – auch wegen Kosten und Zugangsbeschränkungen – ziehen sie andere urbane oder ländliche Orte als Spielstätten vor: Bahnhöfe, U-Bahnen, Schiffe, Brücken, Plätze, Baustellen, Kaufhäuser, Tiefgaragen, Industrieanlagen, Halden, Berge, Täler, Flüsse, Seen, Wälder, Wiesen, Weiden…

Zu den Freigängern unter den Musiktheaterschaffenden gehört auch Christina C. Messner. Die 1969 in Schwäbisch Hall geborene und seit 1998 in Köln lebende Komponistin, Geigerin und Improvisationsmusikerin reagiert in vielen ihrer Arbeiten und Performances auf spezielle Texte, Themen, Orte und Situationen. Nachdem sie Gegenden erwandert, mit Einwohnern gesprochen sowie in Archiven und Geschichtsbüchern geforscht hat, sucht sie in *Hommagen* auf bestimmte Städte, Dörfer und Gebäude deren Umgebung, Geschichte, Stimmung sowie den Charakter ihrer Bewohner mit Musik, Fotos, Liedern, Texten und Installationen einzufangen. Messners Werkverzeichnis umfasst Ensemble-, Kammermusik- und Solowerke sowie auffallend viele Textvertonungen, insbesondere Lieder. Gerne verwendet sie auch ungewöhnliche Klangerzeuger, Alltagsgegenstände, Naturmaterialien, Diaprojektionen, Lichtbilder, Installationen und Gesten. Ferner gibt es von ihr „choreographierte Kompositionen“, etwa *crux – ein stabat mater* für Sopran und Cello (2010), narrative Arbeiten wie *vivre d'abord* für Sopran und Ensemble nach Leben und Werk von Simone de Beauvoir (2008), und Musiktheaterwerke. Die zirka eine Stunde dauernden *Salomé-Extrakte* für Stimme Solo wurden 2013 in der Düsseldorfer Tonhalle uraufgeführt. Bruchstücke aus Mozart-Opern verarbeitete sie in den Miniaturen *Cosa di tutti – 5 really small operattles designed for the public space*, die ihre Premiere beim SPOR-Festival 2015 auf Straßenkreuzungen und Plätzen im dänischen Aarhus hatten. Es sind kurze musiktheatralische Interventionen inmitten der Banalität und Poesie des Alltags, den Messner hellhörig beobachtet und aus dem sie manche Anregung zieht: „Unzählige wahre Opernszenen lassen sich täglich beobachten in der Bahn, im Supermarkt oder im Park: Minutenkurze Dramen, oft durchaus akustisch, stimmlich, sogar gesanglich präsent“ (Christina C. Messner: *Verfransung in die Wirklichkeit. Skizzen zum Musiktheater im öffentlichen Raum*, in: *Positionen*, Heft 104, August 2015, S. 33). Messner geht es nicht nur um die Repräsentation von Wirklichkeit und Gefühlen wie Hass, Liebe, Eifersucht, Mord und Todschlag, die seit Monteverdis „stile rappresentativo“ die Oper bestimmen. An die Stelle „einer von Darstellern trainierten künstlichen Nachahmung der Wirklichkeit“ setzt sie zuweilen auch die bloße Präsentation, also einfach das „Sichtbarmachen einer eben in jener Wirklichkeit verborgenen Dramaturgie“ (Ebenda).

Bereits mehrere Aufführungen in Köln, Düsseldorf und Duisburg erlebten Messners *LoveSongs for Heim@t* auf Texte von Marie T. Martin (2014). Wie die allerersten Opern und viele weitere Werke danach erzählt das Stück von einem Liebespaar, das wie Orpheus und Eurydike getrennt lebt, da beide beruflich viel unterwegs und nur noch telekommunikativ miteinander in Kontakt sind. Die Uraufführung fand im Sommer 2014 auf dem innerstädtischen Kölner Ebertplatz statt, in Unterführungen zwischen vielspurigen Straßen, klotziger Betonarchitektur, einem Copyshop, zwei afrikanischen Lokalen und drei kleinen Galerien. Zum Publikum gesellten sich auch vorübergehende Passanten sowie Obdachlose, Trinker und Dealer. Jeder riskierte ein Auge und Ohr. Die Kontraste des Platzes setzten sich in den dynamischen und stilistischen Extremen der Musik fort, hart und rockig oder lyrisch und zart, wahlweise mit harten Riffs von E-Bass und Schlagzeug oder weit gespannten Kantilenen und zerbrechlichen Klangflächen von gestrichenen Weingläsern. Dem Sujet des modernen Nomadentums entsprechend wanderten Chor, Gesangssolisten, Instrumentalisten und Tänzerin von Ort zu Ort durch den Transitraum. Das ihnen folgende Publikum bildete dabei um das mobile Geschehen jedes Mal aufs Neue einen Steh- und Sitzkreis, der sich wie eine schützende Bannmeile um die Aufführung legte, die uneingeweihte Fußgänger und Radfahrer nicht zu überschreiten wagten. Allen örtlichen Unbilden und Unwägbarkeiten zum Trotz, wurde die kollektive Aufmerksamkeit fokussiert und zugleich für die sicht- und hörbaren Realitäten der Großstadt geöffnet. Das ermöglichte Perspektivwechsel und warf letztlich die Frage auf: Wer stört hier wen? Stört der grölende Obdachlose die Aufführung? Oder dringt die Aufführung ins Revier des Obdachlosen? Ohne inszeniert zu sein, ergänzten sich Musik und Alltag zu einem komplexen Gesamtereignis. Die Betonschlucht wurde zum modernen Tartarus samt aller Furien von Verkehrslärm, gellenden Martinshörnern, Kneipenmusik, Fernseher und umfallenden Bierflaschen. Kunst und Wirklichkeit changierten: Die aus ihrer institutionalisierten Sondersphäre getretene Kunst wurde Teil des Lebens, und dieses Teil der Kunst. So bleibt beides in Bewegung: Wandel statt Routine – metamorphes Musiktheater!

to shake, to speare Shakespeare

Christina C. Messners neueste *operattles* sind Winzigkeiten, zumal im Vergleich mit der sonstigen Größe von Musiktheaterwerken. Die Stücke dauern gerade einmal eine oder maximal zweieinhalb Minuten. Das kürzeste *fear* umfasst lediglich zwei Partiturseiten, das längste *from dream to dream* 39 Takte. Der Minimalrekord von Darius Milhauds *Opéras minute* ist damit gebrochen. Den Impuls zu diesen Miniaturen erhielt Messner durch eine erneute begeisterte Lektüre einiger Theaterstücke von William Shakespeare, der anlässlich seines vierhundertsten Todesjahrs 2016 weltweit gefeiert wurde. Die Komponistin spießte die ihr persönlich wertvollsten Textstellen, Verse, Worte und Figuren auf („to speare"), um sie dann so lange durchzuschütteln („to shake"), bis sich neue Zusammenhänge aus eben den zeitlos aktuellen Themen ergaben, die schon Shakespeare umgetrieben hatten: Vergänglichkeit, Wahnsinn, Liebe, Sein und Schein, Wahrheit und Lüge, Traum und Tod… Messners Shakespeare-Miniaturen tragen daher den Titel *to shake shake shake – operattles* für sechs Vokalisten nach Textauszügen von William Shakespeare (2016).

Die Stücke basieren jeweils nur auf einzelnen Versen aus Dramen und Komödien des englischen Dichters. Doch trotz ihrer extremen Kürze sind es Opern: „Grundsätzlich entstand die Kernidee dieser *operattles* daraus, typische Merkmale einer Oper auf das allerwesentlichste zu reduzieren, um eine sehr kleine, minimalistische dramatische Form zu schaffen" (Messner, *Werk-*

kommentar). Abhängig von den jeweiligen Themen und Zitaten gestaltete Messner alle Details sprechend. Für eine bestimmte Expression oder Aussage genügt ihr oft nur eine einzige Geste, Pause, Tonfolge oder ein bestimmter Klang, Akkord und Rhythmus. Selbstverständlich verwendet werden auch die erweiterten harmonischen und klanglichen Mittel der neuen Musik des 20. und 21. Jahrhunderts, doch nicht als Selbstzweck, sondern stets rhetorisch, figürlich, bedeutungsvoll. Herkömmliches Sprechen und Singen ergänzt Messner durch weitere Artikulationsarten und körperliche Aktionen, Fußschritte, Händeklatschen, Gesten, Bewegungen, die ebenso szenische und tänzerische wie auch akustische Wirkung haben. Die Reduktion der Mittel zeigt sich auch in der Beschränkung auf sechs Vokalisten – nach dem Vorbild der Madrigalkunst der Renaissance – bei gleichzeitigem Verzicht auf Instrumente. Immerhin entstanden die ersten Stücke für die Kölner Vokalsolisten, eine sechsköpfige Formation mit Sopran, zwei Mezzosopranen, Tenor, Bariton und Bass. Im Herbst 2016 brachten die Kölner Vokalsolisten im Rahmen eines Konzerts mit Werken der Vokalpolyphonie der Renaissance auch die ersten vier zur Uraufführung.

Messners bisher elf *operattles* – weitere können folgen – bilden keinen geschlossenen Zyklus mit linearer Erzählung und durchgängiger Dramaturgie. Vielmehr handelt es sich um eine Sammlung ohne klaren Anfang, Mittel-, Höhe-, Wende- und Schlusspunkt, da sich die Stücke auch einzeln sowie in beliebiger Anzahl und Reihenfolge aufführen lassen. Die Stücke werden im Folgenden daher nicht in derselben Reihenfolge kommentiert wie sie in den Partituren hier erschienen sind, sondern zumindest annähernd gemäß der chronologischen Abfolge ihrer Entstehung im Zeitraum von August bis Dezember 2016. Gleichwohl gibt es einen *prolog* und eine *overture*, mit denen zu beginnen sich empfiehlt, weil diese Stücke einen grundsätzlichen – das heißt den Grund des Ganzen setzenden – Eröffnungscharakter haben. Der ***prolog – to be, mark the inducement*** ist ein auskomponierter Auftritt der sechs Vokalisten und damit zugleich ein Stück Metatheater über das Theater. Die Sängerinnen und Sänger erscheinen zunächst jeder nur als „eine Person in einer Menschenmenge", vielleicht innerhalb des Publikums, die sich „unauffällig" verhält und in der Gruppe aufgeht. Doch jede Person vollzieht eine Wandlung: „stellt sich langsam auf… und beginnt wie wahnsinnig bühnenpräsent zu SEIN (TO BE)". Die Individuen lösen sich aus dem Kollektiv und verwandeln sich durch entsprechende Körperhaltung, Anspannung und Mimik von Privatpersonen in Bühnenfiguren: Ein Mysterium! Die Schwelle vom Alltäglichen zum Theatralen ist so überschritten. Messner münzt die im Untertitel des *prolog* anklingende Frage aus Hamlets berühmtem Monolog zu Beginn des III. Akts „To be, or not to be, that is the question" um zur ebenso fundamentalen Frage nach der Seinsart der auftretenden Sänger, die zwischen persönlicher und theatraler Ausstrahlung ebenso changieren wie der Prinz von Dänemark zwischen echtem und gespieltem Wahnsinn. Schließlich verlangt auch die Partie des Hamlet das Spiel von Theater im Theater. Die von einigen Sängern gesprochene Frage „who is there?" zielt auf diese Ambivalenz und ist zugleich bereits Bestandteil der Rolle sowie der erste gesprochene Satz in Shakespeares Drama *Hamlet* (I. Akt, 1. Szene). Zur Bühnenhandlung gehört dann auch rhythmisches Klatschen, das sich womöglich noch mit dem Willkommensapplaus des Publikums überschneidet. Das unterschiedliche Klatschen lässt bereits verschiedene Temperamente und Charaktere erkennen. Allerdings verläuft die magische Transformation der Auftretenden nicht bei allen Personen gleich. Denn Person 5 in der ersten Reihe oder am Rand der Menge beginnt bereits

„wahnsinnig bühnenpräsent zu SEIN" noch bevor sie sich aufstellt. Und die zunächst nicht zu sehende Person 6 läuft erst von außen zu Person 5, um mit ihr die Hände zu schütteln. Damit sind alle Konstellationen und – wie es im Untertitel *mark the inducement* nach *The Life of King Henry the Eighth* (II. Akt, 4. Szene) heißt – mögliche Beweggründe eines Dramas exponiert: Die Gruppe, das Paar und der außenstehende Einzelne, der als letzter von außerhalb wie ein Dirigent hinzutritt und sich am Schluss – immer noch als Teil des Stücks – als erster und einziger verbeugt. Das lässt sich auch auf die Titelfigur von Shakespeares *Hamlet* beziehen: Hier der Hofstaat, dort der einsame Held und Dramaturg des Geschehens.

Dem primär szenischen *Prolog* korrespondiert als musikalisches Pendant die ***overture – men are men***. Nachdem sich die Vokalisten im *prolog* postiert haben, stehen sie nun alle in einer Reihe frontal zum Publikum. Zusammen singen sie Fortissimo „like a computer trumpet" einen strahlenden Dur-Akkord, scharf akzentuiert in der Art der Tutti-Eröffnung einer französischen Ouvertüre bzw. wie der Sound des hochfahrenden Computerprogramms Windows. Einer Spannungspause folgen weitere instrumentale Gesten, eine schnelle Vorschlagsfigur und ein Harmoniewechsel, der dann zum lautmalerisch rhythmisierten Anfangsakkord zurückleitet. Nach dieser gleichsam instrumentalen Eröffnung singen die Vokalisten den Satz „but men are men" des intriganten Jago aus *Othello* (II. Akt, 2. Szene). Sie intonieren dazu scharfe Sekundreibungen, als gelte es das Zerwürfnis des Menschen mit sich selbst und mit anderen zum Ausdruck zu bringen. Durch Dissonanzen, Pausen und springende Stimmwechsel zerrissen werden auch Jagos anschließende Worte „the best sometimes forget". Doch während der Verräter alle Menschen zu gleichen unter gleichen erklärt, gibt es sehr wohl Unterschiede zwischen ihnen. Denn „human being“ bedeutet eben auch weiß oder schwarz, mächtig oder ohnmächtig, Mann oder Frau. Tatsächlich rücken die drei Sängerinnen von den drei Sängern nach links ab, während die Herren in entgegengesetzte Richtung vor den Damen zurückweichen. Das Ensemble teilt sich in zwei Gruppen und schafft so in seiner Mitte eine Lücke, als öffne sich der Vorhang für das nun kommende Schauspiel: Bühne frei für Messners/Shakespeares kleines/großes Welttheater. Und gleich die *overture* kommt direkt noch zur Sache mit King Lears Klage über die Uneinigkeit und Hinfälligkeit des Menschen (III. Akt, 4. Szene): „Is man no more than this“, „is no more“, „no more“... Vanitas vanitatum!

Liebe und andere Dämonen

Das mit exakt 2´44´´ längste *operattle* ist ***time – time travels in divers paces with divers persons***. Sonst bloß eine aufführungspraktische Notwendigkeit wird hier zu Anfang das gemeinsame Starten von Stoppuhren zur initialen Symbolhandlung. Mit dem Sekunden-Tempo MM = 60 wirft jeder Vokalist gleichsam den Puls seines Sängerherzens an, der dann bis zum bitteren Ende fortdauert und emblematisch verdeutlicht: Eines jeden Zeit ist bemessen, memento mori! Den ersten Einsatz singen die Vokalisten tutti zu den Worten von Macbeth (I. Akt, 3. Szene) „come what come may“. Alle Menschen gleichen sich in der Unkenntnis der Zukunft: „komme, was kommen mag“. Doch trotz gemeinsamen Einsatzes singen sie alle etwas anderes, denn jeder geht einem anderen Schicksal entgegen. Jeder hat eine andere Tonhöhe, Rhythmik, Artikulationsart und ein individuelles Tempo. Die diversen *travels in divers paces with divers persons* (*As You Like It*,

III. Akt, 2. Szene) überlagern sich zu einer Art Uhrwerk, in dem das menschliche Atmen, Knacken, Schnalzen, Schmatzen und Ticken „t t t t" wie Zahnräder ineinander greift. Die Faktur von *time* wird zum nagenden, schmatzenden, schluckenden Zahn der Zeit. Bruchstücke aus Macbeths Schlussmonolog (V. Akt, 5. Szene) machen die Zeitkunst Musik vollends zu einer barocken Allegorie der Vergänglichkeit: „the hour runs", „it is time", „from day to day", „tomorrow and tomorrow", „and so from hour to hour", „all our yesterdays". Den Schlusspunkt setzen endlich die Worte „to the last syllable of recorded time", „it is time", „dusty death" und – mit den tiefsten Basstönen *Es-Des* – „we rot". – Der Rest ist Schweigen.

In ***love 1 – it was the nightingale...*** bilden die Sängerinnen und Sänger drei Paare, die sich wie in Messners *LoveSongs* vor allem telekommunikativ verständigen. Sopranistin und Bassist schicken sich kurze – in der Partitur mit dem Zusatz „sms" versehene – Piepstöne „di-dik" und vibrierendes Brummen „dr, dr, dr", als würden sie auf Handys Nachrichten tippen und empfangen. Ebenso kontaktieren sich Bariton „dik dong" und Mezzosopran 1 „wat-ti", sowie Mezzosopran 2 „dü-dü" und Tenor „tühtüh". Die Repetitionen, Triller und Intervalle klingeln wie Smartphones im Café oder der U-Bahn munter durcheinander und verdanken sich zugleich ornithologischen Transkriptionen von Nachtigall-Lauten. Im weiteren Verlauf verketten sie sich zu längeren Melodien. Insbesondere das „dü-dü" von Mezzosopran 2 – in der Partitur mit dem Vogelzeichen des Mikrobloggingdienstes Twitter markiert – verlängert sich durch das „dik dong" des Baritons sukzessive zur Nachtigallen- bzw. Klingelmelodie „dü dü di dik dong". Die Verliebten zwitschern und turteln miteinander, wenngleich nicht von Angesicht zu Angesicht, sondern via SMS, Twitter, WhatsApp, Social Media. Dabei lassen sich Klingeltöne auch schon mal verwechseln, so wie Romeo und Julia im Schall des Morgenvogels den des Nachtvogels hören wollten (III. Akt, 5. Szene): „Es war die Nachtigall und nicht die Lerche.“ Schließlich kommunizierten auch schon Prinz Hamlet und Ophelia durch kleine Briefchen und Gedichte miteinander. Aus den punktuellen Einsätzen stechen endlich längere Tondauern mit einzelnen Wörtern und kompletten Versen hervor. Den Anfang macht Ophelias Gesang aus *Hamlet* (IV. Akt, 5. Szene): „how should I your true love know / From another one“. Später folgen Verse aus Hamlets Gedicht an Ophelia: „Doubt thou the stars are fire / doubt that the sund doth move / doubt truth to be a liar, / But never doubt I love.“. Wahre Liebe überschreitet Grenzen, und sei's telekommunikativ. Doch zugleich kann man sich bloß aus der Entfernung versicherter „wahrer Liebe“ alles andere denn sicher sein.

In ***from dream to death*** singen die sechs Stimmen lediglich zweistimmige Intervalle gemäß dem spätmittelalterlichen Prinzip punctus contra punctum. In bedächtigen Halbenoten singen oder summen die Frauen- und Männerstimmen pianissimo blockweise Note gegen Note setzend verschiedene leere Quinten und Ouartparallelen wie in mittelalterlicher Musik, auch tonale Wendungen, konsonante Terzen und Sexten sowie dissonante übermäßige Quarten und übermäßige Quinten. Die Harmonik schwankt zwischen verschiedenen historischen Stilistiken, archaisierend, modal, tonal, atonal, modern. Der Hörer verliert die Orientierung und kann unmöglich voraushören, welche Wendung die Musik mit dem nächsten Ton nehmen wird. Das ungreifbare Vagieren wird verstärkt durch die Verteilung der Sänger um das Publikum herum sowie durch deren unterschiedlich lange Vokalzeilen, so dass diese trotz starrem Zeitmaß auseinanderlaufen. Aus dem gleichförmig schwebenden Kontrapunkt heben sich dynamisch und rhythmisch markanter artikulierte Textstellen ab.

Sie stammen aus Hamlets berühmtem Monolog „To be, or not to be" (III. Akt, 1. Szene): „to die to sleep no more […] To die, to sleep / To sleep, perchance to dream." Weitere Verse entlehnte Messner Prosperos Monolog aus *The Tempest* (IV. Akt, 1. Szene): „We are such stuff / that dreams are made on; / and our little life / Is rounded with a sleep". Die Nähe von Schlaf, Traum und Tod verdichtet die Komponistin in einem Intervall, das eben diese Zwielichtigkeit von Schlaf und Schlafes Bruder sinnfällig macht. Die verminderte Quarte *e-as* ist ein enharmonischer Querstand, da sich das *as* in keiner Tonart findet, in der ein *e* vorkommt. Beide Töne schließen sich gegenseitig aus. Doch anstelle einer scharfen Dissonanz, wie zu erwarten wäre, erklingt in Wirklichkeit eine warme Konsonanz. Denn wenn man dieselbe Tonhöhe *as* als *gis* notiert, wird deutlich, dass es sich eigentlich um eine strahlende Dur-Terz handelt, die das Stück eröffnet, durchzieht und beschließt: Ein emblematisches Intervall, in dem bitterer Tod und süßer Traum zusammenfallen.

Titel und Untertitel von ***fear – fears make devils of cherubims: they never see truly*** verdanken sich einem Dialog aus Shakespeares Drama *Troilus and Cressida* (III. Akt, 2. Szene). Die Partitur differenziert lediglich zwischen Frauen und Männern, denen zudem freie Wahl der Tonhöhen gelassen wird, allerdings mit der Anweisung „unter Einbeziehung der Töne AfD". Mit den Tönen des d-Moll-Dreiklangs spielt Messner zugleich auf die Partei Alternative für Deutschland (AfD) an, die seit 2015 massiv gegen Flüchtlinge und Migranten hetzt und im Jahr der Entstehung der *operattles* bei mehreren Landtagswahlen zweistellige Prozentzahlen erreichte. Messners Verweis korrespondiert mit Shakespeares Drama über den Trojanischen Krieg: Denn wo Ängste aus Engeln Teufel machen, lässt sich durch reale Gründe hervorgerufene berechtigte Angst kaum mehr unterscheiden von

Ängsten, die unter Verkennung oder bewusster Unterschlagung und Verdrehung von Fakten entstehen oder künstlich geschürt werden. Indem das Wort „fear“ zu Anfang und Ende von allen sowie unablässig während des gesamten Stücks von Sopran und Bass gesprochen wird, bildet es um die gesamte Partitur herum einen Rahmen, wie eine Art Scheuklappe der Angst. Denn in jedem Fall führt Angst – das zeigt Messners Stück – zu Lähmung, Blindheit, Taubheit, Sprach- und Handlungsunfähigkeit. Während die Männer und Frauen fortwährend durcheinander die Worte „fear“ und „disorder“ (*King Henry VI.*, V. Akt, 2. Szene) sprechen und singen, halten sie sich zusätzlich Augen, Ohren und Mund zu. Sie erscheinen dem Publikum daher wie die drei Affen, die auf chinesischen oder japanischen Bildern den konfuzianischen Spruch „nichts sehen, nichts hören, nichts sagen“ verkörpern. Am Ende sprechen alle zusammen, gleichzeitig „fear“ und stehen mit verdeckten Augen da: Man hat zwar Angst, aber nichts gesehen oder sehen wollen.

Tod und Teufel

Dem Monolog des Berowne aus *Love's Labour's Lost* (IV. Akt, 3. Szene) verdankt sich der Untertitel von ***love 2 – a lovers ear will hear the lowest sound***. Der König von Navarra möchte sich mit drei Gefährten dem Studium der Philosophie widmen und zu diesem Zweck drei Jahre lang fasten und auf die Gesellschaft von Frauen verzichten. Doch noch bevor das Unternehmen richtig beginnen kann, wird es durch die Ankunft der Tochter des Königs von Frankreich und ihren drei Gefährtinnen durchkreuzt. Die Begegnung von vier Männern mit vier Frauen führt am Ende der Komödie zwar zum Tod des Königs, bahnt aber auch drei glückliche Eheschließungen an. Christina C. Messner lässt die Vokalisten dementsprechend als Paare auftreten. Je eine Sängerin und ein Sänger singen „Love" mit langen Liegetönen. Da die Paare gegeneinander versetzt singen, überlagern sich ihre Oktaven und sonstigen Intervalle zu Mehrklängen und tonalen Akkorden, so dass nahtlos ineinander gleitende Harmonien entstehen. Gleichzeitig vollführen die Paare Tanzschritte, indem sie gemeinsam einen Schritt auf das Publikum zu oder von diesem weg machen. Sie bewegen sich wie bei einem zeremoniellen Schreittanz, etwa einer eleganten Sarabande, wie sie die Paare am Hofe des Königs Ferdinand von Navarra getanzt haben könnten. In das penetrant wiederholte „Love, Love, Love..." – ähnlich dem bekannten Beatles-Song – schleichen sich zunächst kaum vernehmbar die Worte „Love, and be silent" aus *King Lear* (I. Akt, 3. Szene). Der Satz wird dort von Cordelia, der jüngsten Tochter des Königs, still für sich zur Seite gesprochen, während ihre Schwestern dem Vater wortreich ihre Liebe kundtun, in der Hoffnung, damit einen Teil seines Königreichs zu erben. Still und leise auf demselben Ton wie zu Beginn endet das Stück: Doch jetzt nicht mehr mit auftrumpfendem „Love, Love, Love...", sondern mit „silent", denn – so Shakespeares *Verlorene Liebesmüh* – das Ohr des Liebenden hört noch den leisesten und tiefsten Klang, auch und vor allem jenseits vollmundiger Liebesgeständnisse.

Lapidar und ohne jeden weiteren Zusatz bleibt der Titel von ***death*** ebenso nackt und sprachlos wie das Numinose, das er benennt. Der Tod erscheint hier als etwas, das den Menschen immer aus der Mitte des Lebens reißt, egal ob jemand jung oder alt ist. Durch „leises Murmeln" schaffen die Sänger eine lockere, entspannte Atmosphäre wie auf einer Party. Doch die harmlose Situation kippt schlagartig um, als alle gemeinsam kurze Stöhnlaute „ah! ah!" herauspressen und schließlich „Ein Mann" und

„Eine Frau“ als einzige Text zu singen beginnen. Die Verse des Mannes stammen aus dem Monolog des Macbeth (V. Akt, 5. Szene), der seine Frau tot auffindet, nachdem diese Selbstmord begangen hat: „She should have died hereafter / There would have been a time for such a word“. Später folgen die letzten metaphorischen Worte der Verse „[And all our yesterdays have lighted fools / The way to dusty death.] Out, out, brief candle! “ Die Frau singt Verse aus dem Klagelied der Ophelia auf ihren von Hamlet unwissentlich erstochenen Vater Polonius (*Hamlet*, IV. Akt, 5. Szene): „he is dead and gone, lady, and will not come again“. Während sich der Sänger „expressiv, hochemotional“ in die Höhe schwingt, beschränkt sich die Sängerin auf einen behutsam auf- und absteigenden Bogen. Mann und Frau verkörpern so zwei verschiedene Reaktionsweisen auf den Tod eines nahestehenden Menschen. Gleichwohl in Leid vereint sind sie durch die nahezu allgegenwärtigen übermäßigen Quarten, die wie in barocken Lamenti und Bachs Passionen für den Ausdruck größten Schmerzes stehen. Nach kurzem Heulen „howl!“ der Gruppe folgt erneut die Kreisfigur der Sängerin einen Ganzton höher, die dann zum dritten Einsatz „will not come again“ passenderweise nicht noch einmal wiederkehrt, als sei dieser sich öffnende und wieder schließende Lebenskreis nun endgültig beendet. Das Titelwort „time“ singen alle – mit Ausnahme der Frau – gemeinsam, doch wie im gleichnamigen Stück *time* jeder auf einer anderen Tonhöhe. Denn jeder hat seine speziell ihm zugemessene Zeit: omnia tempus habent. Der chromatische Cluster ist Höhe- und Wendepunkt zugleich. Ab hier dominieren fallende kleine Sekunden, die seit Renaissance und Barock als Seufzerfigur konnotiert sind, passend zu den letzten Worten „he´s dead“ und dem Bild der abgebrannten Lebenskerze „candle“: Leben und Stück sind erloschen – aus und vorbei!

Wie im thematisch verwandten *fear* verzichtet Messner auch in ***blood*** auf die Vorgabe eindeutiger Stimmregister. Stattdessen betonen die Angaben „Frau“ und „Mann“ mit hoher, mittlerer und tiefer Stimme deren existentielle Dimension, was auch Verweise auf die mögliche Herkunft der Akteure aus aktuellen Krisenländern und Kriegsregionen unterstreichen. Die Sänger treten als Flüchtlinge auf, die mit dem Rücken zum Publikum noch auf jene Schrecken starren, die sie hinter sich zu lassen suchen. Dazu sprechen sie Worte von Malcolm und Donalbain, den außer Landes fliehenden Söhnen des von Macbeth und Lady Macbeth ermordeten schottischen Königs Duncan (II. Akt, 3. Szene 3), deren Blutsverwandschaft mit dem toten Monarchen auch sie ein blutiges Ende fürchten lässt: „Where we are, there's daggers in men's smiles. The near in blood, The nearer bloody.“ Zu diesen Versen drehen sich die Frauen und Männer der Reihe nach dem Publikum zu, um mit künstlichem Lächeln ihre Zähne zu zeigen, von denen es schon in Shakespeares blutigem Drama heißt, sie seien „Dolche im Lächeln der Männer“. Das fortan mehrmalige Ab- und Zuwenden der Sänger macht diese zu janusköpfigen Figuren, zu Opfern und Tätern zugleich. Der „Mann mit tiefer Stimme“, der bis zum Schluss als einziger nicht grinst, beginnt als erster zu singen, indem er auf derselben Tonhöhe fortwährend „blood will have blood will have blood…“ wiederholt. Zu diesem pulsierenden Grundton *f* des Blutkreislaufs singen die höheren Stimmen mit obsessiv wiederholtem „kill, kill, kill…“ (*King Lear*, IV. Akt, 6. Szene) die Töne *a* und *as*, die mit dem obligaten Basston – analog zum Wechsel zwischen ernsten Blicken und Grinsen – alternierend Dur- und Moll-Terzen bilden. Dazwischen mischen sich stellenweise die Silben „ping-pong“, als gelte es die eskalierende Spirale der Gewalt durch den Vergleich mit einem Tischtennis-Schlagabtausch sarkastisch zu kommentieren: Schlägst du mich, schlag ich dich, bis ans Ende der Menschheit. Tatsächlich steigert sich das manische „kill, kill, kill…" zu lautstarkem Skandieren und Fußstampfen. Nach diesem Blutrausch erhält das Grimassieren – das an die Figur des Joker aus dem Comic *Batman* erinnert – seine textliche Motivation durch Hamlets Vers (I. Akt, 5. Szene): „that one may smile and smile and be a villain." Parallel dazu sprechen die Frauen die letzten Worte der dem Wahnsinn verfallenen Lady Macbeth, die sich unablässig ihre im übertragenen Sinne blutbefleckten Hände reibt (V. Akt, 1. Szene): „Yet, here's a spot." Über dem gleichzeitig ebenso manisch wiederholten „blood, blood…" der tiefen Männerstimmen blecken die übrigen Sänger schließlich ein letztes Mal die Zähne, um sich endlich vollends abzuwenden. Wie zu Beginn stehen am Schluss alle wieder mit dem Rücken zum Publikum, abgewandt vor Grausen: Flüchtige vor den eigenen Schreckenstaten.

Komme, was kommen mag

Den eröffnenden Stücken *prolog* und *overture* entsprechen zwei schließende Stücke, mit denen sich eine Gesamt- oder Teilaufführung von Messners *operattles* zu beenden empfiehlt, auch wenn beliebige Reihenfolgen der Stücke möglich sind. Das Stück ***nothing – the rest is silence*** ist nur ein Hauch von Nichts. Es erfordert lediglich zwei Mitwirkende, besteht überwiegend aus Pausen, wenigen Kopfbewegungen und noch weniger Tonhöhen – exakt fünf an der Zahl –, die nur wenige Male wiederkehren. Dennoch kann gerade dieses Stück – je nach Einsatz der Interpreten – große Spannung erzeugen. Das „Pärchen" (wahlweise Mann und Frau oder zwei Männer oder Frauen) sitzt sich gegenüber, sieht aber knapp aneinander vorbei. Noch bevor ein einziger Ton aus dem wortkargen Dialog von King Lear und seiner Tochter Cordelia (I. Akt, 1. Szene) erklingt, wirkt die Situation wie gelähmt von spannungsvoller Sprach- und Beziehungslosigkeit. Die konflikthaft geladene Stille wird schließlich gebrochen durch Cordelias Worte „Nothing, my lord", die wie mit echter oder gespielter Gleichgültigkeit ohne Tonhöhenwechsel gesungen werden. Der andere Akteur reagiert erst verzögert mit einem dafür umso überraschender sich aufschwingenden Septimsprung, als frage er entgeistert nach: „Nothing?" Daraufhin treffen sich kurz die Blicke der Partner, bevor sie wieder aneinander vorbei sehen und nach bekräftigendem „Nothing!" beide den Kopf rhythmisch und immer schneller zu wenden beginnen, so dass regelrechtes Kopfschütteln entsteht. Auge in Auge stellen beide Nihilisten endlich einvernehmlich fest: „nothing". Doch der Einigkeit widerspricht die Sekundreibung *a/h*, die sich noch zur kleinen Sekunde *a/b* verschärft: Gesteigerte Dissonanz als Ausdruck von zugespitztem Dissens. Der Dialog zerfällt sofort wieder, denn was ließe sich anderes über das Nichts sagen als nichts? Bei Hamlet heißt es: „Der Rest ist Schweigen"; und bei Ludwig Wittgenstein: „Wovon man nicht sprechen kann, darüber muss man schweigen." Während die untere Stimme ihre erstaunte Anfangsfrage „Nothing?" nun durch einen jetzt abfallenden Septimsprung sowie King Lears Feststellung „Nothing become of nothing" beantwortet, steht schließlich am Ende tatsächlich eben das, was der im Fechtkampf mit Freund Laertes durch Gift tödlich verletzte Prinz von Dänemark in seinen letzten Worten beschwört (V. Akt, 2. Szene): „The rest ist silence."

Der ***epilog – not to be*** ist eine finale Umkehrung der Geschehnisse des *prolog – to be / mark the inducement*. Hatte sich dort das Theater durch die Art des Auftritts der Vokalisten konstituiert („to be"), so löst sich die Vorstellung jetzt wieder auf

(„not to be“). Mit Cassius aus *Julius Caesar* gesprochen (V. Akt, 3. Szene): „Time is come round. And where I did begin, there shall I end.“ Wie aus Dank für die gute Zusammenarbeit schütteln sich die Sängerinnen und Sänger in verschiedenen Paarungen und Rhythmisierungen die Hände. Zum Abschied klopfen sie sich auch kollegial die Schultern. Dann geht einer nach dem anderen „in die Menschenmenge zurück“, vielleicht in das Publikum, aus dem sie sich allesamt im *prolog* durch ihre Auftritte gelöst hatten. Die abtretenden Personen starren dabei wie gebannt auf ihre leeren Handflächen als wären es Handys, auf denen sie mit Fingern wischen und tippen, um gleich nach der Aufführung – endlich! – ihre zwischenzeitlich vollgelaufenen Mailboxen zu checken. Person 1 und 2 machen dies ebenso rhythmisch versetzt wie sie im *prolog* klatschen. Während die Personen sich also simsend, daddelnd, surfend in eine virtuelle Realität verabschieden, hören sie zugleich auf, „in der analogen Realität des Aufführungsortes präsent zu sein“. Sie beenden so jene Bühnenpräsenz, die sie vormals durch ihr Auftreten hergestellt hatten. Der initialen Verwandlung zu Theaterfiguren folgt nun die finale Rückverwandlung der Sängerinnen und Sänger zu den Privatpersonen, die sie vor der Aufführung waren und jetzt wieder werden. Nur Person 5 und 6 bleiben noch auf der Bühne, um sich nochmals die Hände zu schütteln, die Schultern zu klopfen und dann als einzige gemeinsam zu verbeugen. Anschließend tritt auch Person 5 ab, um sich unter die Menge zu mischen und fortan unauffällig zu verhalten, während Person 6 sich „schnell an einen Platz außerhalb der Menge begibt (ins Off)“, von wo der Außenseiter einst auch aufgetreten war. Im *prolog* hatte Hamlets Frage „To be or not to be“ die Bühnenexistenz der Vokalisten gestiftet. Nun besiegelt dieselbe Frage ihre Auflösung. Der schöne Schein verfließt zu Schall und Rauch (*Hamlet*, IV. Akt, 2. Szene): „I've gotten it dirty – ashes to ashes, and dust to dust.“

Als Professor für Komposition an der Folkwang-Hochschule in Essen gab Nicolaus A. Huber seinen Studierenden den Rat, sie möchten einmal kurze Stücke konzipieren, um damit in einer abendlich gefüllten Eckkneipe binnen weniger Momente die Aufmerksamkeit der Leute auf sich zu ziehen. Die Darbietung sollte es schaffen, die durcheinander sprechenden, lachenden, trinkenden Gäste schlagartig in ein konzentriert lauschendes Publikum zu verwandeln, das im Gegensatz zu Theater- oder Konzertbesuchern keinerlei Gelegenheit hatte, sich für die plötzlich hereinbrechende Aufführung zu disponieren. Eine echte Herausforderung und ein extremer Härtetest für die Stringenz einer Komposition! Christina C. Messner hat zwar nicht bei Huber studiert, doch ihre *operattles* folgen einem ähnlichen Konzept: Ohne Umschweife, Schnörkel, Vor- und Nachrede sofort zur Sache kommen, um Wesentliches mit größtmöglicher Klarheit und Prägnanz kraftvoll und ausdrucksstark auf den Punkt zu bringen, in der Hoffnung, dass sich dies auch dem Publikum als ebenso intensive, ästhetische Erfahrung mitteilt. Schließlich sieht Messner für ihre „Shakespeare-Destillate" ebenfalls die Möglichkeit vor, die Stücke je nach Thematik auf der Straße oder in Cafés, Restaurants, Ladenlokalen oder irgendwo sonst aufzuführen. In solchen Stresstests würde sich erst recht die Deutlichkeit, Aussagekraft und Intensität der Stücke erweisen, die vielgesichtig schillern zwischen großem Opernpathos, barocker Allegorie, komödiantischer Leichtigkeit, operettenhaftem Schwung, lyrischer Verdichtung und konkreten Einlassungen auf reales Zeitgeschehen und Politik. Was an öffentlichen Orten im Einzelnen geschieht und sich dem Publikum mitteilt, hängt von vielen Faktoren ab und bleibt letztlich unvorhersehbar. Entscheidend aber ist, dass große Themen wie Liebe, Hass, Eifersucht, Mord, Macht, Angst, Gier und Wahn durch das Miniaturformat von Christina C.

Messners *operattles* nicht aus der Ferne wie durch ein Opernglas betrachtet werden, sondern uns hoch verdichtet nahe kommen, als ereignete sich das von William Shakespeare vor über vierhundert Jahren beschriebene Glück und Leid hier und jetzt unter uns.

Materialien

I

„He was not of an age, but for all time!“ (Ben Jonson, 1623)

William Shakespeares Stimme und seine Theaterfiguren sind – wie bei kaum einem anderen Schriftsteller – bis heute lebendig und präsent. Er war für die Strömungen seiner Zeit ebenso empfänglich wie für die zeitlosen, immer währenden Traumata der Menschheit selbst und rührte mit Genuss an abgründigen Fragen, die wir uns bis heute stellen. Abgesehen von der sprachlichen Brillanz ist das vielleicht der Grund, warum Zitate seiner Werke heute noch wie Diamantsplitter unsere Sprichwörter, Lebensweisheiten und Symbolwelten prägen. Nach erneuter und zugegebenermaßen begeisterter Lektüre einiger seiner großen Theaterwerke, legte ich für diese Komposition eine individuelle, eigene und sehr persönliche Sammlung sprachlicher Kostbarkeiten an, indem Abschnitte, Satzteile oder Worte seiner Figuren herausgeschnitten wurden (cut-up). Diese aus ihrem Zusammenhang gerissenen Zitate werden mit Vergnügen mehrmals durchgeschüttelt (to shake) und gerüttelt (to rattle), nach Themen geordnet und neu zusammengesetzt. Die Themen, denen ich folge, orientieren sich an den im Vorlauf des Elisabethanischen Theaters auftretenden, personifizierten und zeitlosen Zuständen wie Liebe, Zeit, Angst...

Im Kompositionsprozess habe ich – neben den einkomponierten, minimalistisch darstellenden Komponenten – auch Shakespeares Techniken berücksichtigt, wie die Verschachtelung mehrerer ineinander verwobener Stränge, den Tausch der Identitäten oder das direkte Nebeneinanderstellen von Tragik und Komik.

Es entstanden Shakespeare-Destillate, kleine schlichte Formen, sogenannte *operattles*, in denen seine Figuren in neuem Zusammenhang mit einem lachenden oder weinenden Auge bzw. einem Augenzwinkern zu Wort kommen.

II

Das operattle – ein Thesenpapier

Das *operattle* ist eine minimalistische, dramatische Form, in der typische Merkmale einer Oper auf das Allerwesentlichste reduziert werden.

Gemeint ist hier ausdrücklich die Oper mit ihren typischen Merkmalen: dem gesungenen Wort, den großen Gefühlen, ihrer Sinnlichkeit und einer Thematik, die an den Urerfahrungen des Menschlichen rüttelt: Liebe, Eifersucht, Hass, Macht.

Pathos und Ironie geben sich die Hand.

Jedes *operattle* ist anders. Und schlicht.

Ihre minimalistisch dramatische Form erhalten die *operattles* beispielsweise durch einkomponierte Bewegungen und die Hinzunahme von Gegenständen oder auch durch eine innermusikalische Umsetzung des Themas, durch das Hervorrufen von Assoziationen, Bildern und erzählten Situationen.

Ein *operattle* dauert höchstens 3 Minuten.

Anspielungen an die Operette sind beabsichtigt: ein *operattle* darf auch (trotz der großen Gefühle) leicht daher kommen. Es darf unterhaltend sein und einen engen Bezug zum Alltag haben.

Die *operattles* können durchaus im öffentlichen Raum, im alltäglichen Leben gespielt werden, im Café, im Laden, auf einem Platz...

Die Reihenfolge ist frei wählbar.

Es wird keine Technik und kein großartiger Bühnenaufbau benötigt.

Der Faktor Mensch bei der Präsentation durch die Musiker wird berücksichtigt: es gibt zuweilen eine Offenheit in der Partitur für individuelle Entscheidungen und Interpretationen.

III

Zitate und Textquellen

prolog

to be, mark the inducement (Hamlet 3,1; King Henry VIII II,4)
Who is there? (Hamlet I,1)

overture

men are men
But men are men. The best sometimes forget (Othello II,3)
Is man no more than this? (King Lear III,4)

time

time travels in divers paces with divers persons (As you like it III,2)
Come what come may – time and the hour runs through the roughest day (Macbeth I, 3)
It is time it is time (Macbeth I)
Tomorrow and tomorrow and tomorrow…
From day to day to the last syllable of the world...
And all your yesterdays have lighted fools the way to dusty death (Macbeth V,5)
Why day is day (Hamlet II,2)
And so from hour to hour we ripe and ripe and so from hour to hour we rot (As we like it II,7)

love 1

it was the nightingale… (Romeo and Juliet III,5)
How should I your true-love know from another one (Hamlet IV,5)
Doubt thou the stars are fire
Doubt that the sun doth move
Doubt truth to be a liar
But never doubt I love (Hamlet II,2)
(Nightingale: watti - tüh tüh - djik dok)

fear

fears make devils of cherubims: they never see truly (Troilus und Cressida, III,2)
Fear (frames) disorder (King Henry VI, V,2)

blood

Where we are, there's daggers in men's smile
The near in blood, the nearer bloody (Macbeth, II,3)
Blood will have blood (Macbeth III,4)
Then kill kill kill kill kill kill (King Lear IV, 6)
That one may smile and smile and be a villain (Hamlet I,5)
Yet, here's a spot (Macbeth V,1)

death

She should have died hereafter
There would have been a time for such a word
Out out brief candle (Macbeth V,5)
He is dead and gone lady
And will not come again
And will not come again
No no he's dead (Hamlet IV, 5)

from dream to death

To die, to sleep, no more (Hamlet III,1)
We are such stuff as dreams are made on; and our little life is rounded with a sleep (The tempest IV,1)
To die, to sleep – perchance to dream (Hamlet III,1)

love 2

a lovers ear will hear the lowest sound (Loves, Labours, Lost IV,3)
Love and be silent (King Lear I,1)

nothing

the rest is silence (Hamlet V,2)
Nothing, my lord
Nothing?
Nothing.
Nothing will come of nothing (King Lear, I,1)

epilog

not to be – Time is come round. And where I did begin, there shall I end. (Hamlet III,1; Julius Cäsar V,3)

Biographisches

Die Komponistin Christina Cordelia Messner hat sich in den letzten Jahren intensiv mit der Verknüpfung unterschiedlicher Sparten beschäftigt und zahlreiche Projekte hierzu entwickelt, zuletzt das re!quiem, ein Auftrag des Festivals 8 Brücken in Köln 2016, die 5 *operattles* „cosa di tutti", die beim SPOR-Festival in Aarhus (Dänemark) im Mai 2015 uraufgeführt werden oder die von der Kunststiftung NRW geförderten musiktheatralen Werke "Love Songs for Heim@t" (UA im Juli 2014 im öffentlichen Raum in Köln) und Salomé-Extrakte, beauftragt 2012 von der Tonhalle Düsseldorf. Messner wohnt und arbeitet in Köln. Sie absolvierte ihr Musikstudium in Würzburg mit Hauptfach Violine bei Prof. Max Speermann (Bartholdy-Quartett) und Komposition bei Prof. C. Wünsch. Sie nahm an zahlreichen Projekten und Konzerten im Bereich Neue Musik und Performance teil und arbeitete mit Künstlern verschiedener Sparten zusammen u.a. mit dem New Yorker Künstler Noritoshi Hirakawa. Seit 1994 werden die Kompositionen von Christina C. Messner aufgeführt u.a. beim Festival 8 Brücken, Köln, beim SPOR-Festival in Aarhus (Dänemark), in der Tonhalle Düsseldorf, der Kunst-Station St. Peter Köln, im Konzerthaus Berlin, im Rahmen von ON Neuer Musik Köln, bei der Muziek Biennale Niederrhein und weiteren Festivals und Wettbewerben. Ihre Werke wurden präsentiert und vorgestellt im Deutschlandfunk (Atelier Neue Musik) und im WDR 3. Der SWR 2, DLF, NDR 2 und der BR sendeten 2013/2014 das Hörspiel Fünfkind. Ihre Arbeit wird u.a. gefördert von der Kunststiftung NRW, dem Landesmusikrat NRW, dem Kultursekretariat NRW, ON Neue Musik Köln. Sie erhält Aufträge für Multi-Mediale Werke, Solostücke, Kammermusik und Ensemblestücke. Mehr: christinamessner.de, zwischendenraeumen.de

Rainer Nonnenmann, geb. 1968 in Ludwigsburg (Württ.), 1. Preis Horn beim Wettbewerb Jugend musiziert 1987, Studium der Musikwissenschaft, Philosophie und Deutschen Philologie an den Universitäten Tübingen, Köln und Wien, Mitarbeiter der Universal Edition Wien 1994/95. Promotion 1999 und Ernennung zum Honorarprofessor der

HfMT Köln 2012. Vorstand der Kölner Gesellschaft für Neue Musik 2002–06, Vorstand von ON – Neue Musik Köln 2008–12, Vorsitzender des die Kölner Musiknacht veranstaltenden IFM-Projekte e.V. 2005–2015, Musikbeirat im Kulturamt der Stadt Köln 2009–2015, Dozent an den Musikhochschulen Köln, Düsseldorf und Freiburg/Breisgau, Herausgeber und Redakteur der Zeitschrift *MusikTexte*, Mitglied in Jurys der Gesellschaft für Neue Musik Deutschland und des Landesmusikrats Nordrhein-Westfalen, Referent bei internationalen Symposien, freier Mitarbeiter verschiedener Rundfunkanstalten sowie Autor zahlreicher Aufsätze zur Musik und Musikästhetik des 19., 20. und 21. Jahrhunderts. Buchpublikationen zu *Helmut Lachenmann* (2000), *Nicolaus A. Huber* (2002), *Reinhard Febel* (2004), *Winterreisen aus zwei Jahrhunderten* (2006), *Reinhard Oehlschlägel und Mathias Spahlinger* (2006) *Johannes Fritsch* (2010), *Mit Nachdruck – Texte der Darmstädter Ferienkurse für Neue Musik* (2010) und *Helmut Lachenmanns Begegnungen mit Luigi Nono* (2013).

edition taberna kritika
Neuerscheinungen 2016

Robert Musil
Über die Dummheit. Kolorierte Fassung
ISBN 978-3-905846-41-6

Giorgio Caproni
Il seme del piangere / Die Saat des Weinens
ISBN 978-3-905846-40-9

Rainer Hoffmann
Abduktionen, Aberrationen II
ISBN 978-3-905846-39-3

Norbert W. Schlinkert
Kein Mensch scheint ertrunken
ISBN: 978-3-905846-38-6

Heidi Müller
Unterlassungserklärung
ISBN 978-3-905846-37-9

Elisabeth Wandeler-Deck
Das Heimweh der Meeresschildkröten
ISBN 978-3-905846-36-2

Bücher können über den Buchhandel oder direkt beim Verlag bestellt werden. Ausführliche Informationen über unsere Neuerscheinungen und das Gesamtprogramm finden Sie im Internet unter http://www.etkbooks.com

edition taberna kritika
Gutenbergstrasse 47
CH - 3011 Bern
Tel.: +41 (0) 33 534 9 308
info@etkbooks.com | http://www.etkbooks.com